社会工作作为专业力量参与脱贫攻坚，
将专业队伍、专业方法、专业力量运用到脱贫攻坚的工作中，
发挥了不可替代的专业优势和人才优势，
提升了反贫困工作的专业性。

国家出版基金项目
NATIONAL PUBLICATION FOUNDATION

大国攻坚·反贫困社会工作丛书
丛书主编　向德平

定点帮扶：反贫困社会工作模式研究

何雪松　黄　锐　刘艳霞　著

华东理工大学出版社
EAST CHINA UNIVERSITY OF SCIENCE AND TECHNOLOGY PRESS
·上海·

图书在版编目(CIP)数据

定点帮扶：反贫困社会工作模式研究 / 何雪松，黄锐，刘艳霞著. -- 上海：华东理工大学出版社，2023.11(2024.12 重印)

(大国攻坚：反贫困社会工作丛书 / 向德平主编)

ISBN 978-7-5628-7032-6

Ⅰ.①定… Ⅱ.①何… ②黄… ③刘… Ⅲ.①扶贫—社会工作—工作模式—研究—中国 Ⅳ.①F126

中国国家版本馆 CIP 数据核字(2023)第 212605 号

策划编辑 / 刘　军
责任编辑 / 秦静良
责任校对 / 王雪飞
装帧设计 / 王　翔
出版发行 / 华东理工大学出版社有限公司
地址：上海市梅陇路 130 号，200237
电话：021-64250306
网址：www.ecustpress.cn
邮箱：zongbianban@ecustpress.cn
印　　刷 / 上海中华商务联合印刷有限公司
开　　本 / 710 mm×1000 mm　1/16
印　　张 / 14.75
字　　数 / 166 千字
版　　次 / 2023 年 11 月第 1 版
印　　次 / 2024 年 12 月第 2 次
定　　价 / 98.00 元

编委会名单

丛书总序

我国以脱贫攻坚为标志的国家级重大反贫困行动，于2020年年底取得了预期成果，绝对贫困总体上被消除。脱贫攻坚可以说是中国乃至世界反贫困史上的一件大事，值得书写一笔。社会工作作为一种专业力量参与其中，并发挥了重要作用，其实践和经验值得总结。由向德平教授主编的“大国攻坚·反贫困社会工作丛书”在这方面做了开创性的工作，值得我们称赞。

一、社会工作参与反贫困是一项重大的专业实践

（一）反贫困是社会工作的一项核心任务

社会工作自产生之日起，就与反贫困结下了不解之缘。不是社会工作“贪恋”反贫困，而是贫困给贫困群体带来了巨大的痛苦。社会工作作为一种以帮助困难群体缓解困难、追求社会公正与社会进步为己任的专业，理应把反贫困的责任放在自己的肩上。在世界社会工作反贫困历史上，发达国家的社会工作参与反贫困基本上是通过实施社会救助和社会慈善的方式进行的，并形成了社会工作的著名模式。第二次世界大战以后，发展中国家的反贫困主要面向农村展开，经济开发、社区发展成为其主要模式，20世纪50年代联合国倡导的社区发展原则正是社会工作参与反贫困所应遵循的。20世纪80年代以后出现的发展型社会工作，一方面与发展中国家的政府、社会工作者、发展工作者的实践有关，另一方面也受产生于发达国家的社会投资

等理论的影响。这些实践取得了一定的成绩，也为后来发展中国家的反贫困提供了借鉴和参照。

我国作为经济社会政策和发展项目的反贫困工作是从20世纪80年代中期开始的，最初是经济开发，接着是扶贫攻坚，主要是发展经济，由政府部门、国有大中型企业和贫困农户承担主要责任。2015年，我国开始实施脱贫攻坚工程，中央明确要求形成由专项扶贫、行业扶贫和社会扶贫互为补充的大扶贫格局，做到扶贫开发与经济社会发展相互促进，不但注重产业脱贫，而且加强教育等多层面脱贫；要求坚持群众主体，激发内生动力，注重扶贫扶智，增强贫困人口自我发展的能力，同时实施扶贫志愿者行动计划和社会工作专业人才服务贫困地区计划。这样，社会工作力量作为脱贫攻坚的有机组成部分，有了"特殊"的实践机会，也能够更有针对性地参与反贫困行动。2017年，《民政部 财政部 国务院扶贫办关于支持社会工作专业力量参与脱贫攻坚的指导意见》（以下简称《意见》）要求中国社会工作教育协会发挥推动作用，进行教育扶贫。同时，我国开始实施社会工作服务机构"牵手计划"，从发达地区选择专业性强的社会工作服务机构，与贫困地区社会工作服务机构等进行结对。社会工作教育界积极响应政府部门的号召，组织、动员和支持各社会工作院系参与这一具有历史意义的反贫困行动。各类群体参与脱贫攻坚成为中国社会工作重建以来，规模最大、时间较长、有组织、有目标要求的集体性行动。

（二）社会工作参与脱贫攻坚取得了积极成果

按照民政部等部门的《意见》，中国社会工作教育协会参与脱贫攻坚是教育扶贫，其主要任务如下：高校社会工作专业院系要与贫困地区合作建立社会工作专业培训、教师实践和学生实习实训基地，帮助贫困地区培养社会工作专业人才；高校社会工作专业教师到贫困地区开展专业督导，引导社会工作专业在校生到贫困地区进行社会实践；支持鼓励社会工作专业毕业生到贫困地区就业。在中国社会工作教育协会的组织动员下，各社会工作院系秉持专业精神、发挥主观能动性，组织师生、链接资源、深入贫困地区，开展了多项服务，较好地完成了《意见》提出的任务，并尽己所能地为贫困地区的居民做贡献，在脱贫攻坚中取得了不少开创性成果。社会工作教育界支持了贫困地区的脱贫工作，促进了贫困地区社会工作人才和专业力量的发展，也获得了参与反贫困的直接经验，使我们感受到了当地干部群众和派驻的扶贫干部在反贫困中表现出来的坚韧不拔的精神。同时，参与脱贫攻坚也成为各社会工作院系坚持理论联系实际、开展实践教学、在实践中培养学生、在比较中进行研究的重要场域，因而参与者的收获是丰硕的。

对于参与脱贫攻坚，中国社会工作教育协会领导班子给予了高度重视，设计行动计划、动员组织力量，推动了整个工作向前发展。中国社会工作教育协会还建立了反贫困社会工作专业委员会，在贯彻落实协会的总体部署、推动整个活动发展方面发挥了积极作用。作为反贫困社会工作专业委员会的负责人，向德平教授和他主持的反贫困研究机构积极配合、主动工作，有力地推动了中国社会工作教育协会工作的开展。

二、社会工作界参与反贫困是理论与实践比较、互动和提升的过程

（一）社会工作教育界参与反贫困是理论与服务实践的互动过程

社会工作教育界参与反贫困的特点是，一批批具有深厚社会工作理论

与知识积累的高校教师和研究生、高年级本科生开展实践活动，这同时也是他们走出课堂和校门开展社会工作服务的过程。在一定意义上，它是理论指导实践的过程，也是实践检验书本知识和理论的过程。反贫困工作是在自然环境复杂、文化传统多样的贫困地区展开的，社会文化因素深深地影响着反贫困行动的开展。在上述经济、政治、社会、文化背景下开展的反贫困，必然比书本上介绍的复杂得多。社会工作界参与反贫困，必然会遇到上述复杂因素的影响，会遇到许多亟待解决的“中国式”问题。这是一个不断比较、选择、实践和反思的过程。对社会工作教育界来说，这是一系列挑战，也是在克服困难中不断成长的过程。

（二）书写经验是反贫困理论和实践成果的延伸

社会工作者的基本品格是奉献和共享发展成果，同时社会工作教育界又有改进教育、传播知识、贡献社会的责任。从这个角度来说，将参与反贫困的经验和思考写出来，是十分有意义的事情。向德平教授主编的这套书正是此种努力的体现。该丛书组织了国内社会工作界20多位专家学者，基于社会工作实践，总结反贫困的相关模式和经验，生产社会工作知识，价值显而易见。

该丛书以实践为基础，兼顾了反贫困知识和实践的完整性。它是多视角、全方位和具有整体性的。其主要视角包括社区为本视角、抗逆力视角、内生动力视角、资产建设视角、金融服务视角、可行能力建设视角、赋权视角、贫困治理视角、心理弹性和生涯辅导视角等。它关注的服务对象主要包括儿童、老年、妇女、残疾人及西部农村中的弱势群体。该丛书既介绍既有的社会工作理论，也介绍中国特色的社会工作实践。基于本土实践，它介绍了社会工作参与反贫困模式的多样化和经验的多元化,反映了中国反贫困的经验及社会工作参与反贫困的机制,阐明了专业社会工作是如何发挥专业优势、实现服务效能的。

该丛书也是系列教材,体现了从理论到实践、从实践到知识的转化过程。这里包含了对反贫困知识和理论的选择,包括在实践中对社会工作知识的运用和反思,也包括基于实践的知识建构,还包括不同类型和不同层次的建议。该丛书内容丰富,有借鉴、有创新,可指导实践,也为反贫困研究提供了参考框架,是反贫困领域的学术力作,是社会工作本土化的重要成果。

三、在乡村振兴中更好地运用和发展社会工作参与反贫困的经验

到2020年年底,我国在总体上消灭了绝对贫困,但是相对贫困还会长期存在。中国共产党第十九届中央委员会第五次全体会议提出"实现巩固拓展脱贫攻坚成果同乡村振兴有效衔接",我国巩固脱贫成果和反贫困的任务依然是十分繁重的。在走向乡村振兴、实现共同富裕的进程中,已经取得的反贫困经验在一定程度上依然有效,这与相对贫困现象在地域、群体、经济状况、社会生态和文化上的连续性密切相关。当然,相对贫困也有自身的特点,贫困群体有了以往反贫困的经验,有了相对好的经济基础和社会生活条件,他们摆脱贫困的内在动力和能力也有所增强。但是我们也要看到,在新的国际国内形势下,面对不断加剧的市场化竞争,相对贫困群体的生存压力不会减少,反贫困的发展性要求会更加突出。我国已经进入社会主义现代化建设的新阶段,要贯彻新的发展理念,构建以国内大循环为主体、国内国

际双循环相互促进的新发展格局，其中乡村全面振兴、遏制返贫现象发生、实现共同富裕任务艰巨。在这种背景下，社会工作者在参与脱贫攻坚中获得的经验仍然有重要的参考价值。我们也期待社会工作者群体在参与乡村振兴和解决相对贫困问题方面取得新的成果。

把论文写在祖国大地上，中国社会工作教育界以自己的实际行动在认真践行。

王思斌
北京大学社会学系

主　编　序

打赢脱贫攻坚战，是实现中华民族伟大复兴的底线要求，是贫困地区与全国一起全面建成小康社会的关键之举，是实现国家长治久安的重要保障。

我国扶贫开发进入精准扶贫、精准脱贫的新阶段。精准扶贫战略贵在精准，精准与专业具有同构性，只有调动专业的力量参与精准扶贫，才能进一步提升精准识别、精准帮扶、精准管理的精准度，才能更专业地解决贫困人口在脱贫过程中的个性问题与发展问题。社会工作参与脱贫攻坚具有重要的意义，在反贫困工作中扮演着重要的角色。

社会工作作为专业力量参与脱贫攻坚，将专业队伍、专业方法、专业力量运用到脱贫攻坚的工作中，发挥了不可替代的专业优势和人才优势，提升了反贫困工作的专业性。事实上，社会工作起源于贫民救济或慈善事业，其发展的历史就是人们与贫困做斗争的历史。社会工作的专业方法、理念正是人们在与贫困及相关社会问题做斗争的实践中逐步形成和发展起来的，因此，社会工作参与脱贫攻坚具有深厚的历史基础和重大的现实意义。社会工作参与脱贫攻坚是社会扶贫的重要组成部分。作为精准扶贫的专业力量，社会工作通过需求评估，精准识别贫困人口及其致贫原因；通过资源整合，动员与协调各方扶贫力量和扶贫资源；通过提升扶贫对象的能力，激发和提升扶贫对象的内生动力和可行能力。社会工作参与脱贫攻坚，有助于提高反贫困工作的精准性和可持续性，实现由“输血型”扶贫向“造血型”扶贫、救助型扶贫向发展型扶贫的转变。

党中央、国务院十分重视社会工作专业人才服务贫困地区的工作，《中共中央 国务院关于打赢脱贫攻坚战的决定》（中发〔2015〕34 号）、《中华人民共和国国民经济和社会发展第十三个五年规划纲要》和《国务院关于印发“十三五”脱贫攻坚规划的通知》（国发〔2016〕64 号）对实施社会工作专业人才服务贫困地区计划、支持专业社会工作和志愿服务力量参与脱贫攻坚提出了明确的要求。为贯彻落实党中央、国务院的决策部署，支持社会工作专业力量参与脱贫攻坚工作，《民政部 财政部 国务院扶贫办关于支持社会工作专业力量参与脱贫攻坚的指导意见》发布，民政部办公厅、国务院扶贫办综合司出台了《社会工作教育对口扶贫计划实施方案》。

为落实《民政部 财政部 国务院扶贫办关于支持社会工作专业力量参与脱贫攻坚的指导意见》的精神，贯彻实施民政部、国务院扶贫办联合制定的《社会工作教育对口扶贫计划实施方案》，深入推进教育扶贫工作，全国社会工作专业学位研究生教育指导委员会和中国社会工作教育协会积极实施“社会工作教育对口扶贫计划”，组织全国 200 多所高校参与社会工作教育对口扶贫工作。在反贫困社会工作实践中，社会工作教育和实践工作者积极探索，积累了较丰富的实务经验，总结了一批典型案例，产出了一系列理论成果。本丛书是中国社会工作参与反贫困成果的系统呈现。

2019 年 3 月 16 日，中国社会工作教育协会反贫困社会工作专业委员会与华东理工大学出版社在武汉举行“大国攻坚 · 反贫困社会工作丛书”启动仪式。来自十几所高校的 20 余名作者代表参加了会议。会议研讨、确定了本套丛书的写作框架和主要内容。

本丛书是在全国社会工作专业学位研究生教育指导委员会、中国社会工作教育协会的指导下，由中国社会工作教育协会反贫困社会工作专业委员会具体组织完成的。王思斌教授、阮曾媛琪教授、谢立中教授、蔡禾教授、关信平教授、马凤芝教授、彭华民教授全力支持反贫困社会工作专业委员会的工作，指导本丛书的编写。

中国社会工作教育协会前任会长徐永祥教授高度重视本丛书的编写工作，为丛书的编写和出版提供了巨大的支持。本丛书寄托了全体社会工作同仁对徐永祥教授的深沉怀念！

感谢所有关心、支持本丛书的专家和同仁！

向德平
华中科技大学社会学系

目　录

CONTENTS

第一章　定点帮扶：中国特色反贫困社会工作的现实脉络

东西部扶贫协作和对口支援，是推动区域协调发展、协同发展、共同发展的大战略，是加强区域合作、优化产业布局、拓展对内对外开放新空间的大布局，是实现先富帮后富、最终实现共同富裕目标的大举措。华东理工大学按照教育部直属高校定点帮扶的有关要求，在定点帮扶点云南省寻甸回族彝族自治县（以下简称“寻甸县”）开展帮扶工作，取得了显著成效。结合学校在寻甸县的工作要点，华东理工大学社会工作者（以下简称“华理社会工作者”）积极响应中国社会工作教育协会启动的“中国社会工作教育百校对口扶贫计划”，开展了一系列的反贫困社会工作实践，这一系列实践是定点帮扶背景下探索社会工作服务新模式的基础。

第一节　从对口支援到东西部协作和定点帮扶

一、对口支援的形成

“一人有难，众人相帮；一方有难，八方支援”是中华民族的传统美德，对口支援吸收了这一美德的基本精神。对口支援也被称为“对口支援帮助”“对口帮扶”“结对支援”“对口合作”等。一般来说，对口支援是国家为了支持某一区域、行业、部门的发展，在宏观政策上规定区域之间、行业之间、部门之间形成支援关系，使双方的优势得到有效发挥，以促进互惠互利、长期合作、共同发展。

在对口支援的起源问题上，主流的观点有三种。第一种观点认为，对口支援最早出现在我国社会主义建设时期，是中国共产党针对各民族在政治、经济、文化和社会等方面的发展水平存在着事实上的不平等以及各地区资源分布不均衡的客观现实，在长期探索实践中逐渐形成的一种旨在缩小民族、区域差距，实现民族平等、区域团结和共同繁荣的制度安排。① 第二种观点认为，对口支援承继了中国共产党在抗日战争时期和解放战争时期军队与地方之间、地方与地方之间相互支援与帮扶的传统，尤其是当灾害发生时，支援和帮扶工作已突破以往局限于相邻地区或省内较小地域而扩展至全国不同省份之间。② 第三种观点认为，对口支援始于 1960 年《山西日报》

① 赵明刚：《中国特色对口支援模式研究》，《社会主义研究》2011 年第 2 期。
② 钟开斌：《对口支援灾区：起源与形成》，《经济社会体制比较》2011 年第 6 期。

上发表的题为《厂厂包社对口支援——论工业支援农业技术改造的新形势》的社论。该社论充分肯定了经纬纺织机械厂支援人民公社所采取的“对口支援、一包到底”的举措，认为这是一种工农结合、城乡结合、厂社协作的新形式。①

在1979年4月25日的全国边防工作会议上，时任中央统战部部长乌兰夫做了题为《全国人民团结起来，为建设繁荣的边疆，巩固的边防而奋斗》的报告，确定北京支援内蒙古，河北支援贵州，江苏支援广西、新疆，山东支援青海，上海支援云南、宁夏，全国支援西藏。1979年中央52号文件将对口支援以国家政策的形式正式确定下来。② 此后，对口支援在实践中不断发展并被广泛应用，逐渐发展为对边疆地区对口支援、对重大工程对口支援和对灾害损失严重地区对口支援三种主要类型。其中，对边疆地区对口支援主要是“援疆”“援藏”，对重大工程对口支援主要是支援“三峡工程”建设，对灾害损失严重地区对口支援主要是对唐山（1976年唐山大地震）、汶川（2008年汶川地震）、玉树（2010年玉树地震）等地的支援。以汶川地震后的对口支援为例，国务院于2008年6月11日发布《汶川地震灾后恢复重建对口支援方案》，确定了“一省帮一重灾县”的原则，要求东部和中部19个省（直辖市）对口支援四川省、甘肃省、陕西省的24个县（市、区），对口支援期限按三年安排。东部和中部19个省（直辖市）每年对口支援实物工作量不低于本省（直辖市）上年地方财政收入的1%。汶川地震三年重建任务在两年内基本上完

① 刘波、尉建文：《政治行为与社会公益：国有企业参与对口支援的机制分析（2006—2015）——以北京市49家国有企业为例》，《中国经济史研究》2017年第5期。

② 国家民委政策研究室编《国家民委民族政策文件选编（1979—1984）》，北京：中央民族学院出版社，1988，第242页。

成，为近 2 000 万受灾群众重建了家园。与 1995 年日本阪神地震、2003 年印度洋大海啸、2006 年卡特里娜飓风、2010 年海地地震等灾难发生后当地缓慢而低效的灾后重建过程相比，汶川地震后的对口支援创造了令世人惊叹的“中国速度”和“中国奇迹”。

在我国对口支援实践中，中央政府制定和推动对口支援政策与计划，地方政府负责贯彻落实与深化，具体表现为经济发达地区或东部省（直辖市）/市/区县在资金、技术、人才、项目等方面对民族地区或中西部省（自治区）及其所辖各级政府的支援帮助。对口支援在形式上突出定向，可称之为“一对一”或“一帮一”、结对子、（行政）包干等；在功能上，对口支援既涉及支援方对受支援方在资金、技术、人才资源、项目等方面的支持或赠予，又顾及双方的互惠互利，既强调基于经济社会发展的非干预实践，又重视双方的合作关系；在实质上，对口支援既是中央政府下达给地方政府的政治任务，也是国家为构筑政治共同体而呈现出的一种特殊文化伦理。① 对口支援通过资金、技术、人才资源等方面的流动与合作，突出任务的层层分解和各部门工作的落实，以此实现中央对地方的实质性支配，即基于央地关系、府际关系形成一种合作网络。

二、从对口支援到东西部扶贫协作和定点帮扶

改革开放初期，邓小平同志把沿海帮扶内地发展作为全局性的战略安排。党的十四大报告指出：“对少数民族地区以及革命老根据地、边疆地区

① 李瑞昌：《界定“中国特点的对口支援”：一种政治性馈赠解释》，《经济社会体制比较》2015 年第 4 期。

和贫困地区，国家要采取有效政策加以扶持，经济比较发达地区要采取多种形式帮助他们加快发展。”1996 年 2 月，国务院扶贫开发领导小组发布的《关于组织经济较发达地区与经济欠发达地区开展扶贫协作的报告》对扶贫协作的意义、形式、任务、要求等展开论述，并提出了今后改革和发展的一项战略任务：“引导区域经济协调发展，加强东西部地区互助合作，帮助贫困地区尽快解决群众温饱问题，逐步缩小地区之间的差距。”1996 年 10 月，《中共中央 国务院关于尽快解决农村贫困人口温饱问题的决定》出台，重点部署了东西部对口帮扶的工作。

党的十八大以来，东西部扶贫协作成为西部欠发达地区加快脱贫进程、缩小与东部较发达地区发展差距的重要战略。在 2015 年 11 月 27 日至 28 日的中央扶贫开发工作会议上，习近平总书记强调，东西部结对牵手、协作扶贫，是最具中国特色的“扶贫故事”，成为世界减贫大业里最瞩目的“中国篇章”。2018 年 7 月，全国东西部扶贫协作工作推进会在京召开，签署 2018 年东西部扶贫协作协议，安排部署下一阶段重点工作。会议要求按照党中央、国务院决策部署，把握新形势、适应新要求，聚焦脱贫、务实推进，推动东西部扶贫协作再上新台阶。

2020 年是脱贫攻坚决胜之年。习近平总书记指出，“长远看，东西部扶贫协作要立足国家区域发展总体战略，深化区域合作，推进东部产业向西部梯度转移，实现产业互补、人员互动、技术互学、观念互通、作风互鉴，共同发展”。可见，推动东西部扶贫协作持续发力，是我国政府进一步巩固脱贫攻坚成果和确保高质量完成脱贫攻坚目标任务的重要手段。

三、在全面推进乡村振兴中深化东西部协作和定点帮扶

2021年是我国“十四五”规划的开局之年，也是巩固拓展脱贫攻坚成果同乡村振兴有效衔接的起步之年。2021年《政府工作报告》提出，做好巩固拓展脱贫攻坚成果同乡村振兴有效衔接，持续推进脱贫地区发展，对脱贫县从脱贫之日起设立五年过渡期，保持主要帮扶政策总体稳定；2021年3月25日，国务院印发的《关于落实〈政府工作报告〉重点工作分工的意见》提出，在西部地区脱贫县中集中支持一批乡村振兴重点帮扶县，坚持和完善东西部协作和对口支援机制，发挥中央单位和社会力量帮扶作用，继续支持脱贫地区增强内生发展能力。《中华人民共和国国民经济和社会发展第十四个五年规划和2035年远景目标纲要》提出，要坚持和完善东西部协作和对口支援、中央单位定点帮扶、社会力量参与帮扶等机制。

2021年4月，习近平总书记对深化东西部协作和定点帮扶工作作出重要指示。他指出，开展东西部协作和定点帮扶，是党中央着眼推动区域协调发展、促进共同富裕作出的重大决策。他强调，要完善东西部结对帮扶关系，拓展帮扶领域，健全帮扶机制，优化帮扶方式，加强产业合作、资源互补、劳务对接、人才交流，动员全社会参与，形成区域协调发展、协同发展、共同发展的良好局面。4月8日，全国东西部协作和中央单位定点帮扶工作推进会在宁夏银川召开。会议强调，要认真学习贯彻习近平总书记重要指示精神，深刻认识新发展阶段坚持和完善东西部协作和定点帮扶工作重大意义，全面推进乡村振兴。要抓紧推进东西部协作结对关系调整，确保帮扶工作和干部队伍平稳过渡。要加快探索协作帮扶方式，着力巩固拓展脱贫攻坚

成果，推进产业转移，强化市场合作，提升社会事业发展水平，促进区域协调发展。4月21日，中央和国家机关工委在京召开中央和国家机关定点帮扶工作推进会，会议传达学习了习近平总书记关于定点帮扶工作的重要指示以及全国东西部协作和中央单位定点帮扶工作推进会精神，反馈了2020年中央和国家机关定点帮扶工作成效评价意见，对下一阶段定点帮扶工作作出部署安排。在新形势下，深化东西部协作和对口支援，下好乡村振兴东西部“一盘棋”，从而实现巩固拓展脱贫攻坚成果同乡村振兴有效衔接，全面推进乡村振兴。

第二节　高校的定点帮扶：一个结对的个案

一、华东理工大学定点帮扶寻甸县的背景与历程

寻甸县地处云南省的东北部，是华东理工大学对口支援和定点帮扶地区。华东理工大学自2012年以来，一直为实现寻甸县的全面脱贫贡献“华理力量”。为扎实做好定点扶贫工作，华东理工大学领导班子高度重视，认真组织落实定点扶贫工作计划，结合学校实际，勇于担当，多次前往寻甸县进行调研、交流与指导。

2013年5月，为助力寻甸县全面脱贫，华东理工大学成立定点扶贫领导小组和办公室，学校党委书记杨贤金、校长钱旭红担任组长，分管校领导钱锋担任副组长，有关学院、部处为领导小组成员单位。领导小组下设办公室（挂靠校长办公室），具体负责定点扶贫工作的日常管理和组织协调。定点

扶贫任务被分解落实到部门和责任人。2016 年 12 月底，校长曲景平、副校长钱锋一行赴寻甸县，签订 2017 年定点扶贫重点工作备忘录等一系列帮扶协议，为华东理工大学现代远程教育寻甸学习中心揭牌，并明确在 2017 年为寻甸县免费开设干部学历教育本科班。

华东理工大学党委领导多次率团前往寻甸县进行实地调研与考察，与当地干部群众深入交谈，了解寻甸县实际情况，检查指导定点扶贫工作计划落实，推进定点扶贫工作。2017 年 8 月，校党委副书记宋来赴寻甸县就共青团工作、社会工作和学生志愿服务促脱贫进行调研并慰问学校暑期社会实践团队。同年 8 月 22 日至 23 日，学校党委书记杜慧芳，校党委常委、副校长胡宝国和有关部门负责人赴寻甸县调研考察，召开定点扶贫座谈会，捐赠了教学一体机、电脑、图书等物资，出席产业转型升级促脱贫攻坚培训班开班仪式，深入寻甸建档立卡贫困户家庭，慰问考取华东理工大学的 2017 级新生，了解当地教育情况，看望挂职干部，调研当地特色农业产业和旅游文化产业的发展情况，有力推进了学校的定点扶贫工作。

2018 年，寻甸县正式脱贫摘帽。为继续推进寻甸县定点扶贫工作，华东理工大学定点扶贫小组继续深入调研，持续跟进和指导寻甸县脱贫攻坚工作，为实现寻甸县全面脱贫梦不断努力。5 月 30 日至 6 月 1 日，校长曲景平，校党委副书记、纪委书记沈志超，校长助理王华等人前往寻甸县，为援建的“寻甸县青少年心理健康教育服务中心”揭牌并深入了解脱贫攻坚工作进展情况和产业发展情况。8 月 8 日，校党委副书记宋来等人实地查看青少年心理健康扶贫中心各项设施运行情况，并与共青团干部和教育系统干部进行深入交流，进行相关工作指导。8 月 18 日，副校长刘昌胜院士等人对寻甸县企业发展情况进行调研，深入探讨产学研结合推动当地经济发展并带动贫困户脱贫的相关工作，对当地的产业发展提出建议。10 月 20 日，校党委副书记陈麒一行到寻甸县就挂职干部轮换、定点扶贫工作推进等情况进行调研。11 月，校党委书记杜慧芳、副校长胡宝国一行就进一步深化高校定点扶贫工作等赴寻甸县推进定点扶贫工作，就乡村振兴战略实施、生态文明建设、水环境保护治理、县域经济发展等与寻甸县"四班子"领导深入交流，并实地调研产业发展项目、学校帮扶项目、教育发展情况等，对有关工作提出建议，督促挂职干部把责任担起来、把自身摆进去。12 月 6 日至 7 日，分管定点扶贫工作的副校长李涛率队赴寻甸县就落实好定点扶贫责任开展工作，与寻甸县供销社签订了"华东理工大学采购寻甸县农产品协议书"和"购买合同"。在与寻甸县领导交流的过程中，李涛对农产品的生产经营提出了建议。

华东理工大学在全校范围遴选优秀干部前往寻甸县挂职，为寻甸输智造血，助力脱贫攻坚。2015 年 7 月至 2017 年 7 月，学校选派满永博任金所村第一书记。满永博驻扎农村一线，结合自身优势融入当地领导班子，加强当地基层党组织建设，完善扶贫资料台账，走村入户宣传扶贫政策并推动落实，加强驻村工作队员管理，带领班子成员开创了"党支部＋合作社＋贫困户"的产业扶贫模式，成立金所村鼎力养殖合作社，其所在村党总支荣获 2016 年度寻甸县先进基层党组织、昆明市党建示范点，2017 年度昆明市先进基层党组织等荣誉。2017 年 7 月，王飚接替满永博进驻寻甸，对金所村扶贫经验进行总结，继续加大扶贫力度，实现建档立卡贫困户全部达到贫困退出、脱贫出列标准，驻村扶贫工作得到金所村老百姓的一致称赞。2018 年，校长办公室副主任储琰挂职寻甸县县委常委、副县长。他深入基层，了解寻甸县现实状况和扶贫工作情况，积极主动搭建学校对口帮扶寻甸县的工作平台和交流渠道，与学校定点扶贫办、有关职能部门、学院和专家深入对接，研讨制定精准扶贫项目，为推进定点扶贫工作打下了坚实基础。

此外，学校成立了“华东理工大学定点扶贫寻甸县前线工作临时党支部”，将学校派出的在寻甸县及其所属街道、乡村挂职和支教的师生党员、入党积极分子纳入临时党支部管理。华东理工大学扶贫干部切实提高政治站位，过问部署、督促推动、实地调研，凝聚起各部门的扶贫力量，把定点扶贫作为一项重大政治任务扛在肩上，把定点扶贫地作为高校服务国家、服务社会、服务人民的重要阵地，获得当地政府、基层干部和老百姓的一致称赞。

二、华东理工大学定点帮扶寻甸县的扶贫工作创新

自2017年至2019年，华东理工大学结合自身优势和寻甸县特色，充分发挥华东理工大学的人才优势、科技优势、教育优势，致力于建立经济扶贫向精神扶贫发展的长效机制。华东理工大学因地制宜，在寻甸县推动“3＋1”特色扶贫项目，打造“美丽寻甸县文化推广工程”，形成“寻甸县青少年心理健康教育服务体系”，确定“扶贫＝扶志＋扶智＋扶心”模式，大力推动寻甸县扶贫工作，形成具有华东理工大学和寻甸县特色的长期扶贫机制，在社会、经济、文化、教育、科技、产业、心理、基层干部培训等方面实现全方位的工作创新。

教育兴则国家兴，贫困地区要发展，基础在教育。为了满足寻甸县中小学生的教育需要，实现对寻甸县乡村教育的精准支援，华东理工大学定点扶贫领导小组认真开展了摸底调研。针对调研过程中发现的主要问题，发挥

学校自身优势，精心设计了贯穿小学、初中、高中的全过程教育帮扶体系。帮扶期间，学校动员各方力量为寻甸县乡镇小学捐赠电脑和教学一体机，提升当地高中信息化建设水平；援建理化生实验室、智慧教室、青少年科技馆、华理“阅读空间”等设施，改善办学条件；捐赠科普设备和课件等资源，援建的虚拟现实（VR）科普工作站与寻甸县柯渡红军长征纪念馆合作，打造科普基地；积极协调华东理工大学出版社为寻甸县乡镇小学捐赠图书，培养当地青少年的阅读习惯。另外，学校派出研究生前往寻甸县支教，组织大学生团队于暑期赴寻甸县农村开展实践活动，为当地教育事业注入青春活力。对于当地贫困学生，学校积极开展贫困学生认领资助，鼓励校内师生自愿认领资助家庭特别困难的学生；实施专项招生计划，录取寻甸县的贫困学子；连续三年邀请寻甸县的高二贫困学生到华东理工大学参加活动。华东理工大学与寻甸县教育主管部门已经形成良好的互动沟通机制，不断完善和优化小、初、高三级教育帮扶体系，有力促进了当地小学、初中教育的均衡发展，促进了当地高中教育事业发展。

被誉为“梦中的伊甸园”的寻甸县有着山清、水秀、地绿的自然风光，回、彝、苗、汉等多民族聚居于此，孕育出古朴典雅的民族文化，形成了多种多样的民俗民风。华东理工大学工作团队结合当地实际，充分利用当地在自然环境和民俗文化上的优势与资源，从“找寻美、体验美、传播美、升华美、转化美”五个层次，打造“美丽寻甸文化推广工程”；同时结合市场需求，深度挖掘当地丰富的自然和人文资源，旨在将其转化为当地居民切切实实的经济收入，在推广特色文化的同时促进当地经济发展。为此，华东理工大学举办了两次寻甸县风情展示暨特色农产品展销活动，并将寻甸县农副产品列入学校教职工慰问品采购目录；设立专门的代销平台，助力寻甸县经济发展；将寻甸县列为工会教师暑期疗养点，多次组织学校教职工到寻甸县体会当地的风土人情，感受寻甸之美。为丰富美丽寻甸文化内涵，华东理工大学景观设计领域的研究生实践团赴寻甸县挖掘多民族文化内涵，围绕寻甸县非遗文化发掘、非遗产品设计和市场开发开展帮扶工作。这一系列帮扶措施在扩大寻甸县知名度的同时，也让大山深处的农产品走出大山、走进城市，为当地居民带来了一定的经济收入，实现了“非遗文化欣欣向荣，非遗产品惠农富农”的目标。

贫困地区青少年的心理健康问题不容忽视。寻甸县的中小学虽然硬件设施基本达标，但是贫困地区的部分中小学生因信息闭塞、家庭教育匮乏、社会教育不均衡等，心理健康状况不能令人满意。华东理工大学领导班子对此事非常重视，在学校有关职能部门和寻甸县各级领导的共同支持下，建立了“寻甸县青少年心理健康教育服务体系”，为青少年身心健康保驾护航。从五个方面促进当地青少年心理健康教育与发展：一是实施“培训计划”，搭建心理健康教育三级培训体系；二是实施“关爱计划”，为乡村青少年学习生活注入阳光；三是实施“健康计划”，促进乡村青少年身心健康和全面发展；四是开展“同辈互助计划”，形成三级心理健康服务干预网络；五是开展“爱心手牵手”计划，形成社会各界关心青少年身心健康的良好局面。2018 年，华东理工大学结合寻甸县青少年心理健康状况，投入专项资金，同时引进其他帮扶力量，大力推进“扶贫＝扶志＋扶智＋扶心”的模式，搭建完成青少年心理健康教育服务网络，大力推进寻甸县青少年心理健康教育服务工作，通过心理健康知识的普及为青少年身心健康提供保障。

德才兼备的干部队伍为寻甸县经济社会发展提供最关键的组织保障。自 2013 年起，华东理工大学每年都为寻甸县干部职工开设专题培训班，如“寻甸县工业经济专题干部培训班”“寻甸县域经济专题培训班”“寻甸县产业转型经济升级专题干部培训班”“寻甸县管理干部专题培训班”等。2017 年是寻甸县脱贫摘帽年，为进一步扩大培训覆盖面，华东理工大学组织教授专家送教上门，在寻甸县开设“华东理工大学—云南省寻甸县现代产业体系建设助推脱贫攻坚专题培训班”；邀请林业产业专家、投融资领域企业家和农业农村领域专家前往寻甸县文化报告厅为广大干部职工授课。此外，华东理工大学在寻甸县委党校设立了华东理工大学现代远程教育寻甸学习中心，通过现代远程教育手段，帮助寻甸县干部职工和教师提升学历层次，为寻甸县人才提供了再次学习的平台。华东理工大学开展的多期培训涵盖县、乡、村三级干部职工，累计 1 000 余人次参加了培训。所有培训内容依据寻甸县干部职工的需要，既有理论高度又有实践温度，帮助寻甸县干部职工进一步拓宽视野、开阔思路、增长学识。

产业扶贫在打赢脱贫攻坚战中发挥着重要作用，是脱贫之基、富民之本、致富之源。首先，华东理工大学充分依托本校各专业优势资源，在学校有关学院的大力支持下，聚焦寻甸县产业帮扶，在寻甸县设立经济社会发展智囊团，以智库咨询、项目分解、教育培训、活动推进等方式推进寻甸县经济社会发展；组建科研智囊团，有关科研领域专家组成科技支持团队，针对寻甸县工农业发展的瓶颈问题开展科学研究，并着力推进产学研一体化建设。其次，华东理工大学结合寻甸县当地自然资源实际情况，与当地政府在水资源保护、环境保护、生物技术等方面达成广泛的合作协议，并在乡村振兴产业发展等方面形成共识。最后，华东理工大学结合学校食品科学领域的人才和技术优势，加快对寻甸县高原特色农产品的深加工研发工作；为寻甸县本地企业发展提供技术支持，对当地企业实际生产中碰到的难题开展技术攻关；结合本校资源优势以及与环境科学相关学科的优势，开展对寻甸县水资源保护与利用、大气保护与治理、安全环保等领域的技术支持，并对相关人员进行综合培训，以推动当地产业发展，助力乡村振兴。

第三节 社会工作参与定点帮扶：社区为本的实践

一、社会工作教育对口扶贫计划的启动实施

党的十八大以来，党中央和国务院高度重视社会工作参与脱贫攻坚工作，并对此作出一系列决策和部署。2015 年至 2016 年，我国制定并颁布《中共中央 国务院关于打赢脱贫攻坚战的决定》《中华人民共和国国民经济和社会发展第十三个五年规划纲要》《国务院关于印发“十三五”脱贫攻坚规划的通知》等文件，提出“实施社会工作专业人才服务贫困地区计划”和“制定出台支持专业社会工作和志愿服务力量参与脱贫攻坚专项政策”的要求。2017 年 6 月 27 日出台的《民政部 财政部 国务院扶贫办关于支持社会工作专业力量参与脱贫攻坚的指导意见》，要求将专业社会工作纳入当地党委、政府关于脱贫攻坚的总体安排中，同其他扶贫工作一同部署、协同推进；明确了社会工作专业力量参与脱贫攻坚的服务内容，对支持贫困地区加强社

会工作专业人才队伍建设、支持实施社会工作专业力量参与脱贫攻坚重点项目进行了具体部署；提出要发挥中国社会工作教育协会的推动作用，实施社会工作教育对口扶贫计划。

中国社会工作教育扶贫第一次动员大会暨教育扶贫工作会议于2017年12月在成都市召开，大会正式启动了“社会工作教育对口扶贫计划”。此次会议最终促成百余所高校签订参与社会工作教育反贫困工作的协议，对口援助77个国家级贫困县。2018年4月，全国社会工作专业学位研究生教育指导委员会、中国社会工作教育协会在桂林市召开中国社会工作教育扶贫第二次动员大会暨教育扶贫研讨会，对社会工作教育参加反贫困进行第二次动员。在此次会议上，反贫困社会工作专业委员会成立，同时促成90所院校对口援助41个国家级贫困县，实现了组织200余个社会工作教育单位参与脱贫攻坚的目标。2018年12月，全国社会工作专业学位研究生（MSW）教育指导委员会暨MSW教育中心主任联席会在北京市召开，对社会工作教育反贫困进行再动员和再布置，进一步明确了社会工作教育反贫困的重点领域和主要任务。

自2017年社会工作教育对口扶贫计划启动后，200多所院校、3 000多名师生、200多名社会工作者和1 600多名志愿者充分发挥自身优势，积极参与和支持贫困地区对口帮扶工作，在帮助贫困地区提升社会工作教育水平、与贫困地区高校合作开展实践与督导、帮助贫困地区培养社会工作人才、指导基层社会工作服务站点建设等方面发挥着重要作用。①

① 马凤芝：《发挥社会工作教育优势助力脱贫攻坚》，《中国社会工作》2020年第19期。

二、华理社会工作者的积极响应：从实地调研开始

为了积极响应社会工作教育对口扶贫计划，华东理工大学社会工作专业主动对接学校对口帮扶的寻甸县，协助完成有关工作。2017 年 12 月 17 日至 19 日，时任中国社会工作教育协会会长、华东理工大学社会工作与社会政策研究院院长徐永祥教授带队，学院副院长陈丰教授、MSW 教育中心主任费梅苹教授、社会工作系黄锐副教授、徐选国博士等一行五人赴云南省寻甸县开展了为期三天的调研工作，为社会工作后续介入梳理思路、制定框架。

调研期间，徐永祥教授一行由华东理工大学驻点寻甸县挂职干部储琰和相关领导陪同，走访了多个易地整体搬迁农村社区、就地改造农村社区，以及街道下属居委会社区和部分小学。易地搬迁工作当时基本上完成了政府统筹建房、统一安置等，农民搬迁工作正在进行中。易地整体搬迁村民融入(新的邻里社区关系)、农民上楼(住新楼)、生活习惯适应等方面为社会工作留下了重要服务空间。对就地改造农村社区而言，部分村少数民族集中，贫困户比例较高等问题以及如何在本轮脱贫之后避免贫困再发生，都需要社会工作的介入。

在此次调研接近尾声时，结合前面对各个具体村落、社区和学校的调研情况，调研组与县政府办、县扶贫办、县发改局、县教育局、县民政局、县工青妇等部门领导进行了深度座谈。讨论围绕近年来寻甸县脱贫扶贫情况和各领域在社会建设、社会服务与社会治理方面的诉求展开。讨论结束后，调研组明确了未来社会工作与寻甸县结对帮扶的主要内容，并与县委书记、县长

等主要领导初步确定了社会工作参与寻甸县社会建设的时间轴。从当时寻甸县脱贫攻坚情况来看，以硬件为导向的脱贫攻坚任务基本上完成，软性的持续发展是社会工作等力量介入的重要前提。同时，社会工作介入反贫困实践，需要在扶贫脱贫工作基础上进一步提供精准服务，精准扶贫脱贫工作与精准服务体系相互支撑、相互强化。

2018 年 3 月，华东理工大学社会学院青年教师马流辉带领刘振、郭儒鹏、张贯磊、吴亮、朱灵艳、徐立娟、段元明、毕菲荣等 8 名博士生、硕士生，组成调研团队赴寻甸县进行脱贫攻坚基础调研。参加此次基础调研的师生分为两组，分别进驻河口镇的建制村双龙村和鸡街镇的自然村大海嘎村。大家带着优势视角，走村串户，与村民同吃同住同劳动，以深入访谈的形式，全面了解村民的需求，充分挖掘村庄的资源，深入探讨村庄的未来发展。其中，双龙村是一个以烤烟经济为主要支柱的村庄，整体经济发展水平相对较高，村庄的基础设施和公共服务设施相对完善。近几年，随着烤烟种植面积的缩小，双龙村面临如何发展新产业新业态，实现村庄可持续发展的问题。大海嘎村是一个以彝族为主体的小山村，贫困程度比较严重，不少村民尚停留在糊口经济水平。该村村民的文化观念还没有与现代市场经济很好地融合，这在一定程度上影响了村庄的发展。但大海嘎村的区位优势明显，发展的潜力较大，有山水资源、滇中核桃王品牌、独特的彝族文化传统，这些都将为其脱贫致富奠定坚实的基础。

为凝聚共识，共谋发展，3 月 26 日下午，调研团队在大海嘎村举办了一场“华东理工大学·寻甸县大海嘎村乡村振兴恳谈会——社会工作、社会学助力脱贫攻坚”。会议邀请村里的 13 位精英，围绕村庄发展面临的困境、资源优势、基本思路等议题展开讨论，得到广大村民、村干部的积极响应。大家积极建言献策，一致表示希望把大海嘎村建设成富饶美丽的新家园。

为期八天的脱贫攻坚基础调研得到了学校、学院和地方政府的大力支持。在与村民促膝谈心的过程中，师生们被当地淳朴的民风所感动，也见识了贫困给人带来的苦闷。此次基础调研意在全面了解贫困地区的现实需求，为华东理工大学社会与公共管理学院后续开展系列培训工作和开发相应的社区发展干预项目提供了重要依据。

三、社区为本的专业服务：理论与实践的结合

自 2018 年以来，华理社会工作者积极动员师生，以社区为本的专业服务参与脱贫攻坚和乡村振兴。社会工作专业的本科生、研究生以专业实习为切入点，以“从做中学”的方式整合和践行专业价值观、技巧和理论。实习的主要目标包括：(1) 将社会工作价值观与伦理融入专业相关的态度和行为中；(2) 加深自我认识，挖掘自身潜能，积极调整阻碍实务工作开展的价值观、态度和行为；(3) 运用与社会工作实务相关的理论、框架与视角，提升整合理论与实务的能力，发展并提升实务技能；(4) 了解特定领域或人群的需求和问题，理解社会工作机构的基本运作模式；(5) 了解与特定议题相关的政策和法律，锻炼团队成员发现问题、查阅与分析文献、制定研究计划、收集资料与数据、撰写报告等研究能力。到 2024 年 1 月为止，先后有近 50 名社会工作专业本科生和社会工作硕士研究生在寻甸县开展专业实习。

为了切实推进社区为本的专业服务，我们选择了双龙村、小海新村和凤龙湾三个社区开展社会工作服务试点，选派学生驻村实习，教师担任督导。

这三个社区各有特色，我们在前期调研和实习实践中，逐步确立了三个社区不同的介入主题：双龙村以社区教育为主；小海新村以文化传承为主；凤龙湾以经济社会融合发展为主。

社会工作专业教师主要扮演专业督导的角色。专业督导的职责主要体现在以下方面。一是对社会工作实习基地选取的督导。徐永祥教授、何雪松教授、费梅苹教授、黄锐副教授等多名教师，多次在寻甸县调研。他们结合专业优势和寻甸县当地政府、群众的服务需求，确定实习基地。二是对社会工作学生的专业实习过程进行督导。教师通过询问学生的实习进度、实习困境等，对学生的实习过程进行评估，为学生提供具体的、有针对性的指导，帮助学生实现将所学知识转化为经验知识，增强学生解决具体问题的实际操作能力，为服务对象提供专业的服务，提升实习效果。三是对实习效果的督导。社会工作专业教师引导学生总结与反思自己的实习情况，完成实习总结报告，在对学生的实习效果进行评估的同时实现学生个人能力的提升。四是对学生情绪与生活的督导。关注学生的心理状况与生活状况，帮助学生排解实习过程中出现的无助感和压力，关注学生身心健康。五是对学术论文的督导。结合学生在寻甸县进行社会工作实习实践的经历，教师引导学生选择合适的题目进行深入研究，指导学生完成论文，增强学生的科研能力。

专业督导主要采取以下三种督导形式。第一种为实习督导。实习督导由社会工作系实习总负责老师担任，负责实习任务和流程的说明、财务报销和联系实习基地等工作，为学生创造和提供更加合适的实习机会。以凤龙湾实习为例，在正式前往寻甸县实习之前，实习督导联系相关指导教师、具备云南实习经历的学生和即将前往寻甸县实习的学生组织召开讨论会，帮助实习学生了解更多当地的信息，消除他们的疑虑和担忧。在第一次到达实习地点时，实习督导组织当地政府、村委会和企业相关领导举行座谈会，进一步帮助实习学生与当地政府、村委会和企业建立良好关系，明确各方责任与任务。

第二种为专业教师每月线下督导。学校每月派遣两位教师前往实习地点进行线下督导，督导时间为一至两天。实习学生与教师共同参加专业督导会议，专业教师针对学生的专业烦恼和情感问题进行研究并为他们提供支持。同样以凤龙湾实习为例，两位专业教师赶赴寻甸县认真了解实习学生的生活和实习情况，并就有关实习问题给出指导建议，重点给予学生开展个案干预的专业建议。因为专业教师每月线下督导所停留的时间相对短暂，与学生之间的交流难以真正做到充分有效，所以这种线下督导实际上提供了一种情感性支持，可以帮助远离家乡、远离城市、远离学校的实习学生舒缓负面情绪。

第三种为指导教师督导，这也是最为主要和重要的一种督导形式。我们为每个实习学生都安排了一位指导教师，指导教师的主要工作是教育、支持和评估。指导教师并不是处于绝对的权威地位，相反，学生与教师之间努力维持着一种积极的开放的督导关系。在凤龙湾实习期间，受地理位置限制，指导教师督导一般在线上展开。因为指导教师与实习学生分别有不同的事务安排，督导的时间往往难以统一，所以督导的时间、内容和频率等都是由学生与教师协商之后决定的。此外，实习学生能够坦诚地表达自己的想法，指导教师也可以了解学生真正的感受，从而及时评估学生实习情况，为其提供教育性的建议和情感性的支持。

指导教师与实习学生之间主要以对话形式展开督导，一种方式是上文所提及的线上督导会议，另一种方式是每两天一次的实习日记的评阅。学生每两天上传一次实习日记，在实习日记中记录这两天需要完成的任务、待解决的问题和实习反思等。指导教师及时阅读实习日记，掌握这一阶段学生的烦恼与见解，从而在评语中提出具有针对性和建设性的意见。在督导会议和实习日记评阅中，实习学生与指导教师之间是一种对话交流的关系。由于实习学生真正在村庄中生活，与远在学校里的指导教师相比，实习学生的想法和感觉更为真实，因而在督导的过程中，教师能够与学生共同成长。

第二章 聚焦乡风文明的社区建设：以双龙村为个案

双龙村是华理社会工作者进驻寻甸县的第一个村。这个村的居民以汉族为主，烟草是该村的主要经济作物。经过前期的精准扶贫，村民的生活条件已经有了很大的改善。经过一段时间的调研，我们的“教育振兴小组”将社会工作服务聚焦于乡风文明建设。

第一节 双龙村：经济结构与社会关系

一、村庄概貌

双龙村位于河口镇东北部山区，该山区属于喀斯特地貌，水资源贫乏。双龙村距离河口镇22千米，距离县城38.8千米，面积为26.68平方千米，海拔为2 100米，年平均气温为14℃，年降水量为1 200毫米，适合种植烤烟、玉米等农作物。双龙村由43个自然村组成，辖11个村民小组，分别是大水井、偏坡路、干水塘、白草皮、白沙水、猴子洞、大陷塘、老村子、老街子、毛荒田和尖山。

双龙村现有 441 户 1 759 人，其中有 12 户 45 人为彝族，其他全部为汉族。建档立卡户有 110 户，383 人，五保户 8 户，低保户 117 户 142 人，残疾人 52 人。各村民小组的具体情况见表 2－1。

表 2－1 双龙村各村民小组建档立卡情况

区域名称	户数/户	人数/人	建档立卡户数/户	建档立卡人数/人
大水井	25	93	10	31
偏坡路	68	278	16	53
干水塘	21	89	2	5
白草皮	30	129	7	31
白沙水	33	134	8	24
猴子洞	41	142	11	38
大陷塘	35	138	12	45
老村子	56	239	11	43
老街子	47	182	10	31
毛荒田	52	221	13	47
尖　山	33	114	10	35

双龙村党总支现有党员 68 人，老年人居多。2017 年年底，整个双龙村实现了路面硬化。目前村民饮水问题在昆明市法院、昆明市人大的牵头帮助下已经解决，全部用上了自来水。在电力公司的帮助下，村委会动员村民加入拉电建杆工作，最终电力公司以成本价收取了建设费用。目前双龙村通信网络建设情况良好，11 个村小组中，10 个有移动基站，5 个有电信基站，通信便利，通信质量得到保障。

双龙村土地均为旱地，共有 4 800 多亩[①]，主要作物为烤烟（占地 3 260 亩）、玉米（占地 700 亩），人均耕地面积为 0.91 亩；山林面积为 34 000 亩。家庭收入来源以种植烤烟为主，2016 年双龙村总收入为 1 534 万元，其中烤烟收入为 1 418 万元、畜牧业收入和务工收入为 116 万元。村里没有大型集体产业和生产合作社，但存在一些小规模的养殖户，如养牛的有 45 户、养羊的有 36 户、养猪的有 29 户、养蜂的有 2 户、养鸡的有 3 户等，都是个体经营。村民仍旧靠天吃饭，耕地灌溉均依靠雨水积累。同样，耕地以山地、坡地为主，只能完全依靠人工耕作，机械化程度较低。

扶贫工作的开展使村民住房条件得到改善。具体危房改造情况如下：C 级危房 4 户，D 级危房 160 户（D 级危房现已拆除 92 户，动工 53 户，主体完工 15 户）。C 级危房是通过修缮加固后可以继续居住的，政府补贴 2 万元/户；D 级危房则是推倒重建或者重新选择宅基地新建，政府补贴 4 万元/户。而对于建档立卡的贫困户，政府补贴 5.1 万元/户，助其重新建房或者修缮房屋。110 户建档立卡贫困户建房全部完成，其中自建 96 户、代建 4 户、修缮加固 10 户。

双龙村设党总支、村委会、监委会。村党总支设一名书记、一名副书记和五名总支部委员。村委会设一名村委会主任（党总支书记兼任）、一名村委会副主任和两名委员。监委会设一名监委会主任和两名监委会委员。

二、半市场化的生计模式

1. 以烤烟、玉米为主的种植业

种植业以烤烟种植、玉米种植为主，个别农户还种植少量小麦。其中，

① 1 亩约等于 666.67 平方米。

经济作物以烤烟为主，种植面积达 3 260 亩(2017 年数据)，经济总量达 1 500 万元左右，亩均毛收入为 5 000 元左右。每年烤烟于 4 月中旬育苗、4 月底栽种，于 9 月份成熟收获。相比于周边村庄的烤烟种植，双龙村的烤烟无论是品质还是规模都具有一定的优势，因此双龙村获得了更多的烤烟种植保护指标。粮食作物以玉米为主，每年于 5 月底栽种、10 月成熟收获，种植面积为 700 亩左右。玉米以人、畜食用为主，仅有个别农户进行少量出售，一小部分用于粮酒酿造。个别农户种植少量小麦，供人、畜食用。近年来，为了摆脱种植结构单一的局面，猴子洞村民小组根据本地区的自然条件，尝试引进中药材种植，目前种植面积仅有十几亩。

2. 自给自足的养殖业

从双龙村整体情况来看，几乎每家每户都有不同规模和种类的牲畜养殖，主要以养牛、羊、猪、鸡、鹅和蜜蜂为主。对于普通小规模养殖(猪，数量一般为 2～3 头)农户来说，养殖是农村生活的一部分，属于一种习惯性行为，同时具有一定的抗风险能力。一般而言，养殖的禽畜以自家食用为主，销售是一种偶然行为。此外，全村还有一些养殖大户，如养牛大户 2 户共 30 头牛，养羊大户 6 户共 750 只羊，养猪大户 1 户共 60 头猪，养鸡大户 2 户共 2 万只鸡，养鹅大户 2 户共 2 000 只鹅。这些禽畜主要面向市场，销售往寻甸县、昆明市、曲靖市等地，还有相当一部分为附近县市居民驱车前来购买，并形成了回头客源。

3. 未形成规模的外出务工

双龙村外出务工人数较少，村民整体外出务工意愿不强烈，全村共有近 200 人选择了外出务工。外出务工地点主要是附近的昆明市、曲靖市等地，他们主要从事汽修、餐饮、建筑等工作。有一些人赴外省（如江苏省、浙江省等地）务工，主要从事电子配件制造、建筑等工作。2018年年初，在扶贫政策支持下，江苏省昆山市一家电子加工厂前来招工，双龙村有20个年轻人赴昆山市务工。根据调研分析，双龙村普遍存在外出务工意愿低的现象是因为长期以来该地烤烟经济收入比较可观，多数人不愿外出“冒险”。同时，烤烟的种植与收割对劳动力的数量有一定的要求，这也成为约束村民外出务工的因素之一。

总体而言，双龙村村民普遍处于低收入水平。双龙村多山地，且大多是石头山，红壤土层较薄，因而土壤较为贫瘠且蓄水能力差，水涝灾害频繁，这就使得人与土地之间的交换难以满足日常生活所需。这种情况直到1975年双龙村开始种植烤烟时才有所好转，烤烟的经济效益使得农民能够在自己的土地上解决温饱问题。

烤烟带来的经济收益远没有让村民们达到生活富裕的水平，因此村民们始终处于“温吞水”的状态。较长时段的密集劳动力投入又限制了村民长期外出打工。此外，当地注重育小养老的家庭伦理约束和村庄内密切的人情交往使村民们产生了面向家庭、面向村庄的生活价值取向。如此一来，村民外出务工的动力和可能性较小，劳动力市场化极为不充分。

因为很少种植粮食作物，所以农户需要从市场上购买绝大多数的生活消费品，如米、蔬菜、日常生活用品等。每年四五万元的家庭收入与当地农户需要支付的家庭开支基本上持平，故储蓄较少。

除了前述经济原因，当地普遍性的低水平生活还与地方文化有关。我们对大水井自然村的家计模式进行了统计分析，基本上可以确定，村庄中的贫富差距不大，户均收入都在 4 万元至 6 万元之间，烤烟收入为主要经济来源，极少数家庭有来自打零工的收入。可见，烤烟合同面积的大小，村民是不是烤烟科技员、是不是教师、是不是公务员等国家公职人员等是造成贫富分化的主要因素。整个大水井村没有村民在镇上买房，也没有村民在昆明市买房，仅有两户在县城买了房。其中一户，儿子在湖南当兵，儿媳妇是县交通运输管理局的办事人员；另一户的户主是双龙村的党总支副书记，其父亲是退休教师，他用父亲的住房公积金在县城买了房。因为村中的贫富分化通常不是由于村民自身造成的，这种情况让村民认为个人努力并不会直接回馈到家庭的经济水平上，甚至是否有回馈都不一定（因为烤烟分等，收购通常与烤烟科技员的判断有关，与农民是否认真种植关系不大），这也从主观上削弱了农民通过个人努力致富的可能性。

因病致贫影响了个别农户的生活状况。少量的储蓄使得个别农户在疾病尤其是大病、疑难病症等面前几乎没有抵抗能力。在当地传统家庭观念的影响下，大多数人会尽可能地帮助家人治病，这样就极容易造成整个家庭的贫困并陷入“贫困陷阱”。在有关政策的推动下，镇、县医院的医疗费用报销比例有所提高（镇卫生院住院报销比例为 90%，门诊报销比例为 80%），但是长期患疾病的农户仍然需要自付一大笔费用，而民政等部门的大病补助有时难以及时到位。

三、相对匮乏的公共服务

村内只有一个卫生室，配备了两名专职村医，设有五张病床、一台电脑、一个小药房、一间输液室。村卫生室主要以预防一般性疾病和妇科检查为主。2016 年，村卫生室医生的年收入大约在 2.4 万元至 2.5 万元之间。从医疗资源人均比例和资源丰富程度看，村庄卫生资源还较为匮乏，这里的办公耗材需医生自己支付。各自然村的“赤脚医生”仍然存在。

双龙村有 1 所小学，设一到四年级，小学五年级、六年级需去 3 千米外的撒米落村就读。双龙村在读学生的基本情况将在本章第二节中详细介绍。

四、双龙村的发展优势

1. 基础设施较为完善

双龙村地处高寒山区，属于典型的喀斯特地貌，资源匮乏。交通闭塞、用水难、通信不便等问题一直制约着双龙村发展。自 2004 年以来，双龙村利用云南省挂钩帮扶单位的政策条件，积极争取资源，通过十来年的建设，陆续解决了各村民小组所在区域的农网电网改造，让 1 700 多人告别“煤油灯”；协调新建小集镇，新修 214 千米砂石路，硬化道路 1 000 米，化解群众购物难、出行难的困境。双龙村通过新建 1 个水泵站和 50 立方米的集水池，架起 55 千米的自来水管道，结束了“靠天落雨、箐塘水”的饮水历史。位于山区的双龙村通信不便，长期处于一种与外部市场和社会脱节的状态。为改善这一状况，村委会通过与县移动公司协商，在双龙村建立了移动信号发射基站。截至 2018 年 4 月，双龙村 11 个自然村中已经建立了 10 个移动信号发射基站。目前上述基础设施建设仍在不断完善当中。双龙村在基础设施方面的优势，为后续社会工作干预、社会组织介入或者市场的引入与开发提供了良好的基础。

2. 熟人社会特征明显

受自然条件的限制，双龙村较为封闭，加之村庄人口向外流动较少，村庄内呈现传统的熟人社会特征，依然保留着淳朴的民风、传统的孝道、舆论与道德准则，保持着良好的村庄秩序。另外，我们在调研中发现，双龙村的村民与村委会工作人员保持了融洽和谐的关系，村民能够积极响应村干部的号召，完成有关工作。我们认为，融洽的群干关系有利于社会工作者深入乡村内部，深层次地挖掘乡村生活与发展方面的需求，同时也便于组织村民开展一些有针对性的培训工作。

第二节　“乐学一夏”：以儿童为切入口

基于前期开展的调研，教育振兴小组在双龙村举办了暑期学校。前期调研结果显示，双龙村初中生普遍存在数学成绩不理想的情况，急需进行辅导。于是暑期学校以数学教育为主要切入点，以暑假作业辅导为辅，坚持需求导向，秉持人本理念，重视学生的价值和尊严，关注学生的积极发展，相信学生有自我实现的潜力，并在真诚和谐的关系中启发学生，增强了学生的自信心，提升了其自我效能感。同时，教育振兴小组注重寓教于乐教育理念的应用，为青少年提供小组服务，提升他们参与的兴趣和热情，丰富他们的暑假生活，让他们在欢乐中学习并有所成长。因此，教育振兴小组为暑期学校拟定了响亮的口号：魅力“暑”光，乐学一夏。

一、双龙村儿童的学校教育和家庭教育

1. 教育振兴小组的进入

乡村振兴战略是国家对整个乡村社会的整体战略部署，作为乡村社会的重要组成部分，乡村教育理应对此战略部署给予积极响应。乡村振兴的理论转向和实践逻辑均非常重视文化取向，而在乡村振兴战略指导下，审视和观察乡村的视角也应当发生转向①。社会工作者在参与乡村振兴的过程中，需以激发民众和乡村社区的文化活力为实践取向。

教育振兴小组由华东理工大学的8名学生组成，小组成员包含本科生、硕士研究生和博士研究生。教育振兴小组到双龙村助力脱贫攻坚与乡村振兴，初步工作主要是调研走访，深入了解当地情况。在调研走访过程中，他们发现当地不少学生学习动力不足、学习积极性不高，故服务计划主要瞄准学生学习成长。他们陆续举办了暑期学校、学习交流会、运动会和文艺晚会，以促进当地教育振兴、激发文化活力。教育振兴小组通过提供服务，加强了与当地村民的密切联系，而且以学生为切入点，更好地辐射到家庭，为后期开展妇女服务和老年人服务奠定了基础。乡村振兴不仅要振兴乡村的经济，而且要振兴乡村的教育。加强乡村文化建设，教育是基础，人才是关键。

2. 双龙村的学校教育

双龙小学的师资状况见表2－2。

① 李文峰、姜佳将：《老区与新乡：乡村振兴战略下的文化传承与反哺——以浙江余姚梁弄镇革命老区为例》，《浙江社会科学》2018年第9期。

表 2－2 双龙小学师资状况

性别	学历	职务	入职时间	教授学科
女	大专	班主任兼财务	2016 年 9 月	语文
女	本科	班主任兼任图书管理员	2016 年 9 月	语文、英语
男	本科	少先队大队辅导员	2004 年 3 月	数学、思想品德
男	大专	班主任兼仪器管理员	1987 年 2 月	语文、科学
男	高中	班主任	1982 年 4 月	语文、数学
男	中专	班主任	1977 年 9 月	数学、幼教
女	大专	教务主任	2013 年 9 月	数学、英语
男	大专	校长	1988 年 7 月	科学、思想品德

双龙小学设有图书室、体育活动室、计算机机房、操场等，各种设施均已达到省级评估标准。学校设有宿舍，一到四年级学生寄宿在学校。宿舍设施虽少，但整体条件还不错，一间宿舍有 12 张床铺，但不一定能住满。问卷调研发现，学生对文娱活动的需求普遍较高，但是学校和村委会很少举办文娱活动，没有给他们提供展现自我的平台。双龙小学的学生也没有做过广播体操，在校期间鲜有机会放松娱乐。五年级、六年级的学生需去 3 千米外的撒米落村完小就读。初中生大多在镇上的河口中学读书，周一至周五寄宿在学校，周末回家。高年级学生中的打架现象较多，有的到了初中很可能成为辍学者。教师对这群学生的管教方式主要是惩戒。当惩戒无效时，教师会逐渐无视这些学生，这也折射出乡村学校对学生管理的无奈。在一体化的教育筛选轨道和结果主义的教育竞争面前，这些学生被贴上了“失败者”的标签，他们逐渐在心理层面产生了对统一测评标准下的“失败”的自我

认同。高中生大都在寻甸第一中学和寻甸县民族中学读书。大学生基本就读于省内的大学。双龙村在读学生基本情况见表 2－3。教育振兴小组在调研过程中发现，当地学生大多开通了某短视频平台账号，通过此平台寻求乐趣和进行人际交往。

表 2－3　双龙村在读学生基本情况

学段	是否建档立卡贫困户		
	是	否	总计
幼儿班	2	8	10
小　学	24	135	159
初　中	15	59	74
中　职	7	7	14
高　中	12	12	24
大　学	7	6	13
总　计	67	227	294

双龙村共有 294 名学生，适龄儿童入学率达到 100%。在学前教育阶段，针对建档立卡贫困户、城乡低保户、贫困家庭以及残疾幼儿，双龙村提供 10 个补助名额，给予每生每年 300 元的补助，按学期发放。义务教育阶段学生补贴包括：免费教科书和寄宿生活补助，标准为小学每生每年 1 000 元，初中生每生每年 1 250 元，按学期发放；营养餐补助，每天每生 4 元。

3. 双龙村的家庭教育

双龙村村民以烤烟种植为主要收入来源，双龙村的孩子大多可以帮助家里干农活儿，在暑假期间帮家里编烟、理烟和做饭。教育振兴小组对暑期学校部分学生进行家访，发现许多家长忙于生计，对孩子疏于管教，管教方式主要是打骂或者无视其行为。双龙小学的一名班主任在访谈中说道："很多家长都认为把孩子放在学校里就行了，学习都是老师的事情，和他们没有关系。"另一位教师指出："放学后一些家长接到孩子，直接把他们带到棋牌室之类的地方，在那种环境中孩子难以专注学习。"农村家长缺乏与孩子的交流，同时家长与教师之间也缺乏有效的沟通。在相互制约、相互联系的教育系统中，家庭教育与学校教育缺乏配合和协调，致使学校教育工作很难取得理想的成效。

父母对孩子的教育期望主要是孩子能够好好学习，以后能够自食其力，如果孩子有能力考上大学，就一定会支持。有研究发现，父母（家庭）对子女的教育期望影响着子女自身的教育期望与教育成就，进而影响子女的地位获得和收入水平①。父母期望和自我效能感作为影响孩子学习动机的内外部因素，对于学习动机有重要的影响，均值得我们关注。

二、生态系统视角的引入

1. 生态系统理论

生态系统理论来自布朗芬布伦纳（Bronfenbrenner）提出的个体发展模型。该模型强调发展个体嵌套于相互影响的环境系统之中。个体并不是在真空中生存的，其成长状态在某种程度上是环境的产物，而环境既包括自然

① Campbell, R. T. Status Attainment Research: End of the Beginning or Beginning of the End? *Sociology of Education* 56, no. 1(1983): 47 - 62.

环境又包括社会环境。生态系统本来指的是在自然界的一定空间内，生物与环境的统一整体以及两者在一定时间内的动态平衡。

生态系统理论认为，社会影响可以归纳为以个体为圆心扩展开来的嵌套式系统。社会环境可以分为五个部分：微系统是指紧邻个体的那些能够对个体产生最直接影响的社会因素，如家庭、朋友、学校；中系统是指各微系统之间的交互作用；中系统之外是那些直接影响微系统中重要他人的因素，如父母的工作状况，这些因素构成外系统；位于外系统外层的是宏系统，如特定文化中的价值观、态度、习俗和法律等；社会变迁及其对其他系统中因素的影响构成时间系统，居于整个模型的最外围。

乡村教育是乡村社区实现长足发展不可或缺的方面，培养一支“懂农业、爱农村、爱农民”的“三农”工作队伍，培养本土的乡村建设人才势在必行。个体的受教育程度的提升嵌套于相互影响的一系列乡村社群系统之中，这些系统包括家庭、学校、同伴（同辈群体）、教师以及学校生活管理环境等。这一理论是社会工作者的切入点：把个人放在乡村社群系统中，即人与生活环境被视作一个整体，社会工作者需要运用社会资源，充分发挥乡村环境的支持作用，增强孩子的综合能力，有效地提高其自我效能感，从而逐渐提升乡村教育水平。

2. 乡村教育中的生态系统

生态系统理论给乡村社会工作提供了一个新的视角，即关注人们与其周围环境的互动。在生态系统理论中，个人被看作一个系统中的一分子，需要同时关注孩子的生活系统，即在乡村特定经济文化宏系统中，家庭、同辈群体和学校以及这三者之间的联结和互动。具体关系如图 2－1 所示。

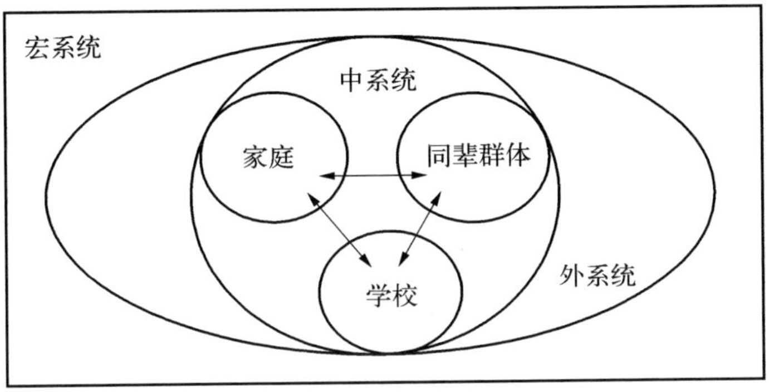

图2-1 乡村教育的生态系统关系图

由生态系统理论可知，个人的知识文化和受教育程度并不是由某单一因素决定的，而是由五层系统共同决定的。根据走访调研的情况，我们将对孩子有重要影响的微系统划分为家庭、学校和同辈群体；外系统指的是社区关系；宏系统包括社会心态、价值标准等。其中，微系统之间的互动包括家长和学校的关系、同辈群体与其家庭之间的关系以及学校和同辈群体之间的关系。

家庭系统是孩子自幼成长的稳定环境，孩子所受到的教育最初大多来自家庭。孩子科学文化修养的提高离不开家庭的介入。为了有效了解亲子关系和家庭环境，社会工作者可以采用家访的方式，对受访家庭进行半结构式访谈。社会工作者在收集孩子基本资料的同时可以进行适当的干预和调解，帮助家长树立正确的教育理念，实践科学有效的教育方式。

学校系统是孩子成长过程中的主导部分。该系统包括教师子系统、同学子系统、学校环境子系统。在这一系统中，良好的引导至关重要。教师本身的教学方法和课程质量几乎直接影响孩子的知识获得。同学间和睦的关系、优秀学生的榜样作用等对孩子的学习态度和心理变化有极大的影响。

在课余时间（周末、寒暑假）充分利用教师的知识资源，不断进行巩固练习，孩子可以最大限度地汲取书本中的知识。

同辈群体系统多为孩子间的小团体，不仅包括同学也包括自己的亲戚或者邻居的孩子。纵观人的一生，同伴的存在不仅能够给予个人有力的情绪支持，强化其安全感、自信心和自我认可，而且能够提供精神标杆，成为激励孩子不断进步和奋斗的源泉。在同辈群体中挑选出具有榜样潜力的孩子，用他们自己的话语讲述自己的故事和成长心路，或许可以成为“由下至上”调动孩子学习积极性的重要方式。除此之外，社会工作者还可以创造条件促进小团体之间的交流合作，或者直接打破团体壁垒，例如通过开展小组活动等，帮助孩子们在锻炼自身能力的同时完善人际互动网络。

与学校环境相比，现实生活中孩子往往无法自由选择生活的社区，不利的社区环境会降低他们的社会资本、集体自尊，增加他们出现内、外化心理行为问题的风险。显然，社区环境的改变可能会间接影响青少年的社会行为。优化社区环境，基本工作包括基础设施的建设和基础设施利用率的提高、生态环境的美化和社区凝聚力的提高。挖掘当地资源、开展卫生健康小讲堂和举办社区活动等都是美化社区环境的重要途径。

一个地区的社会心态和价值标准也会对本地区的教育质量产生深刻影响。崇尚知识、尊重科学的理念可以让孩子通过知识的力量，大大改善生活条件。对于一个家庭或者个人来说，接受社会正确的价值标准是提升文化修养的前提。尽管校园中的孩子并没有太多机会接触家庭、学校之外的社会环境，但是各种各样的事件或者观念总会通过一定的渠道对孩子产生影响，尤其是在信息技术日益发达的今天，宏系统中各种各样的因素正以前所未有的态势影响着孩子的生活。功利浮躁的“拜金主义”一旦成为孩子心中的主流观念，就会深刻影响他们今后的选择。引导孩子树立正确的价值观，自觉抵制不良思想的侵蚀是非常重要的。

三、暑期学校与家乡情景剧

双龙村以种植烤烟为主要经济来源，烟叶的种植收获期为每年的4月份至11月份，其中7月份至9月份为采摘和烘烤阶段，是村民最为忙碌的一段时期，全村老少都要投入农业生产之中。但是，7月份至9月份又为学生的暑假阶段，儿童与青少年的空闲时间相对较多。基于这一现实，我们选择将儿童和青少年这两个群体作为优先开展服务的对象。在刚刚进入双龙村的一个星期内，我们了解到当地学生存在学习成绩有待提高、自我表达能力有待增强等需求。这些需求在很大程度上可通过改善教育条件得以满足。这是因为教育不仅包括学业上的指导，还包括促进学生的全面发展。此外，根据生态系统理论，我们将整合双龙村的各种资源，通过各层系统影响儿童与青少年群体。在这一过程中，我们主要举办了为期一个月的暑期学校（包括课业辅导、小组活动、学习交流会），又开展了两次社区活动（趣味运动会和文艺晚会），活动开展情况如下。

1. 暑期学校

暑期学校是以小组活动的形式呈现的。暑期学校启动之前，团队成员齐心协力，用废弃日历纸完成了海报制作并布置活动现场，分工协作完成其他各类工作。在此过程中，团队协作精神得到体现。我们特地邀请了村党总支书记张选开同志参与了暑期学校的启动仪式并致辞。张选开同志向教育振兴小组的真心付出表示感谢，并期望在座的每一个学生能够尊师重道，不辜负教育振兴小组的一片真心。启动仪式主要目的是让学生与学生、学生与教师之间能够相互认识，彼此熟悉，并让学生们对暑期学校接下来的安排有一个整体的了解，如熟悉班规条例等。此后，我们进行了第一次课业辅导。负责小学生暑期作业辅导的小组成员反映，辅导现场整体纪律较好，但学生们的学习成绩参差不齐，希望大家在辅导过程中有针对性地进行辅导。数学课堂主要由教育振兴小组的吉帅帅同学负责，他反映同学们上课的投入程度不一，有的很认真，有的注意力不集中、学习态度不端正，比如有些学生来上课不准备纸和笔，上课期间无所事事，不听从老师的安排，无视老师布置的作业，还有的学生在上课时以上厕所为由走出教室，悄悄地溜回了家，不愿意继续接受课堂辅导。这让我们意识到，有些孩子并不是主动来暑期学校上课的，而是在家长要求下来补习的。在这种情况下，一味地通过外力推进可能并不会产生明显的效果。针对这一情况，教育振兴小组的吴思雨同学建议，可以在每周辅导结束后的第二天，为双龙村的初中生和高中生举办一场学习经验交流会，邀请双龙村在读的和已经毕业的大学生为他们分享经验，可以围绕“大学的美好生活”“有效的学习方法”等主题展开，以激发初、高中生学习的内生动力，提高他们的学习效率。

暑期学校建立的初始目标只是希望为双龙村的中小学生提供一个学习的平台、营造一种好的学习氛围。但是，随着对学生的进一步观察与了解，我们发现当地的青少年表达能力较弱、对于家乡认识不全面。因此，在课业辅导之余，教育振兴小组又增加了以提升家乡认同、增强自我效能为主题的情景剧小组活动。此时，课业辅导和小组活动成为暑期学校的两大主体内容。

（1）课业辅导与学习交流会

课业辅导面向双龙村内的中小学生，对小学生以作业辅导为主，对中学生以数学课业辅导为主，两者在不同场地同时进行。在小学生的作业辅导工作中，我们除了发挥社会工作者本身的优势外，还动员村内的高中生作为志愿者参与其中。此外，在作业辅导的休息时间，我们还随机增加了游戏、唱歌和舞蹈环节，以达到寓教于乐的效果。中学生的数学教学工作主要是教授学生六至七年级的数学知识。课业辅导为期一个月，时间虽然短，但对于提高学生的学习成绩，帮助学生及其家长了解和掌握新的学习方法和教育理念具有积极的意义。

学习交流会面向双龙村内所有中小学生，由村内大学生和教育振兴小组成员介绍学习方法、学习经历和助学政策，借助同辈群体之间的良好互动与影响，促使他们对学习有新的认识，从而激发其学习动力。

总目标：

在暑假期间，为双龙村的中小学生营造快乐学习的氛围，在丰富其暑期生活的同时，增强其对家乡的归属感和认同感。

分目标：

① 通过前期的需求调研，辅导小学生写暑假作业，对初中生开展一次关于数学薄弱知识点的调查，有针对性地进行知识讲授；巩固上半年所学知识，提升他们学习数学的兴趣与能力，为他们日后的学习奠定基础。

② 在双龙村内招募四名文化层次较高（如高中生、大学生、老师）且有时间有意愿参与暑期学校的志愿者，和教育振兴小组成员一同答疑解惑，协助并辅导初中生完成暑假作业。

③ 小组活动的开展，让每个初中生都可以创作一个或多个关于家乡的

作品。所有成员合力表演了一部有关家乡生活的情景剧，他们主动探寻家乡的故事，深化对家乡的了解，增强了服务家乡、建设家乡的意愿和热情。

辅导科目：数学、英语和语文。

服务对象：双龙村的中小学生。

人员招募：16 人。

招募方式：日常走访宣传招募＋村组长介绍＋已招募到的初中生向周边同学宣传招募。

招募志愿者：高中生、大学生。

活动地点：双龙村村委会办公地。

时间安排：暑期学校时间安排见表 2－4。

表 2－4　暑期学校时间安排

服务起止时间	2018 年 7 月 30 日—2018 年 8 月 22 日
服务具体时间	每周一和周三 13:30—16:30
2018 年 7 月 30 日	小组活动：动员会 13:30—15:00
2018 年 8 月 1 日	初一年级数学课：13:30—14:15(14:25—15:10 在一楼办公室写暑假作业) 初二年级数学课：14:25—15:10(13:30—14:15 在一楼办公室写暑假作业) 小组活动：15:20—16:30
	备注：为即将上初二的学生补习初一的知识点，为即将上初三的学生补习初二的知识点，数学上课具体内容为前期调查中显示的薄弱知识点，以便有针对性地为初中生提供知识点传授
2018 年 8 月 6 日、8 日、13 日、15 日、20 日、22 日	暑假作业辅导：13:30—15:10 小组活动：15:20—16:30

可能产生的问题与应对方案：

第一，青少年的安全问题。要求家长尽量接送，并签订家长知情同意书。若青少年自行前来，在青少年安全到达活动地点后，教育振兴小组成员必须及时向家长汇报；活动结束后，青少年到达家中，家长或青少年须告知小组成员。请假需提前联系教育振兴小组成员。

第二，小学生参与问题。考虑到小学生的安全问题，教育振兴小组只在村委会附近招募一些小学生加入暑期学校，由志愿者和教育振兴小组成员在一楼办公室辅导小学生写暑假作业。

(2) 以“双龙的幸福线”为主题的小组活动

暑假期间，青少年的空闲时间相对较多，而且这一群体也是相对容易接触的，所以教育振兴小组选择将这一群体作为优先开展服务的对象。在走访调查白草皮、大陷塘和偏坡路等村民小组期间，小组成员观察到当地的青少年多数存在目光躲闪、交流意愿低、表达能力弱等方面的问题。针对这一发现，小组成员设计了与交流表达、自我效能相关的访谈提纲，并对这些青少年开展了深度访谈。调研进一步发现，青少年对于家乡的认识不够全面，对家乡认同感较低，他们认为自身没有改变家乡面貌的能力。结合上述需求调查，教育振兴小组计划从提升青少年群体的家乡认同感，增强其表达能力和自我效能感等方面开展小组服务。

小组活动以“双龙的幸福线”为主题，通过设计和表演家乡情景剧，为学生提供与人沟通、了解家乡、表达自我的机会。考虑到活动内容的可行性，小组活动仅面向双龙村的初中生，活动次数总计 8 次，最后一次活动为情景剧表演。情景剧表演的目的并非情景剧本身，而是希望挖掘双龙村丰富的自然资源和社会资源，以此为基础发挥双龙村青少年想象力丰富、才艺多样等优势，共同完成家乡情景剧的设计与表演。在这一过程中，青少年的表达技巧可以自然而然地得到提升，同时也能增强其对家乡的认同感。最终，面向全村的情景剧表演也可宣传全面发展的教育理念。

总目标：

增强青少年服务家乡的意愿和行动力。

具体目标：

① 丰富青少年对家乡的认识；

② 增强青少年表达自我与沟通交流的意愿；

③ 增强青少年的自我效能感。

招募和宣传方式：

① 借助村委会的喇叭向全镇宣传；

② 借助各村民小组组长的影响力，向所属村民进行宣传和招募；

③ 与一部分初中生建立紧密联系，借助同辈之间的互相联系与影响，吸引更多初中生参与。

实施计划见表 2－5 至表 2－12。

表 2－5　第一节活动“你好，双龙少年”实施计划

时间	目标	活动内容	物资	备注
5 分钟	确定青少年（服务对象）到场人数	签到	签到表	
5 分钟	对青少年积极参加的肯定和支持	书记致开场词		

续　表

时间	目标	活动内容	物资	备注
15 分钟	建立关系，互相认识	（1）工作人员自我介绍； （2）服务对象自我介绍		注意引导服务对象从多方面进行自我介绍，包括兴趣爱好、生日等
5 分钟	自我效能感前测	填写一般自我效能感量表	量表	
10 分钟	破冰，互相熟悉	游戏“TA 是谁?”： 分成若干小组，本小组的成员根据上一环节中自我介绍的内容，画出其他组内相应的一个或多个成员的形象，最后进行竞猜	白纸、黑笔	分组尽量将认识的人互相拆开
10 分钟	了解小组工作的具体内容	（1）工作人员介绍活动内容； （2）解答并答疑； （3）确定具体的活动时间		
5 分钟	签订小组契约	服务对象与工作人员共同制定小组契约，通过举手表达认同	黑板、粉笔	
10 分钟	服务对象表达自己的目标	（1）服务对象在纸上写下自己的期待与目标； （2）分享对小组目标的看法	纸张	
15 分钟	增加青少年之间的交流与合作	游戏“达・芬奇密码”： 分成若干小组，每组一副扑克牌（去掉“大王小王”），将牌背面朝上错乱排好。每组每次只能一人上前翻牌，在此过程中不能有任何言语交流，最后将牌的顺序按照黑1红1、黑2红2或红1黑1、红2黑2的顺序依次翻开	扑克牌、纸笔等	游戏规则可通过演示讲解； 每组需安排一人当裁判

续 表

时间	目标	活动内容	物资	备注
5分钟	总结与分享	（1）工作人员总结； （2）服务对象交流分享； （3）确定下次活动时间与安排		

注：活动地点均在村委会会议室。

表2－6　第二节活动“双龙隐藏的‘宝藏’”实施计划

时间	目标	活动内容	物资	备注
5分钟	回顾上一节活动	（1）签到； （2）工作人员简单回顾上节内容	签到表	
15分钟	增强互动，调节气氛	**游戏“寻宝之路”：** 分成若干小组，根据线索寻找拼图碎片并完成家乡地图的拼图	乡村地图	需要事先演练，确定难度
40分钟	分享游戏感受以及自己对居住的村子和乡镇的了解与看法	（1）通过拼图引导服务对象运用多种方法挖掘双龙村的美丽之处； （2）来自同一村民小组的学生分在一个组内，分享自己在村子里的所见所闻	纸张、铅笔	
10分钟	服务对象觉察乡村的变化与美丽	**布置回家作业：** 要求服务对象完成不同形式的与家乡相关的作品（包括照片、画作、作文等），并在下节活动时带过来		家乡作品主要涉及家乡扶贫前后的变化、家乡存在的问题等。
10分钟	总结与评估	（1）工作人员总结； （2）服务对象对活动成效评估； （3）确定下次活动时间与安排		

注：活动地点均在村委会会议室。

表2－7　第三节活动“双龙印象·话说家乡(一)”实施计划

时间	目标	活动内容	物资	备注
10分钟	回顾上一节活动	(1) 签到； (2) 新服务对象填写一般自我效能感量表； (3) 工作人员简单回顾上一节小组活动的内容并欢迎新服务对象	签到表、量表	
5分钟	向新服务对象介绍小组工作的具体内容	(1) 老服务对象向新服务对象介绍小组的具体内容； (2) 解答新服务对象的疑问		
10分钟	活跃气氛、提高组员展示的勇气与自信	**游戏“穿越生死线”：** 穿过由细线构成的障碍	绳子、胶带、剪刀	
30分钟	协助组员描述自己所观察到的家乡的变化；提高服务对象的自我表达能力	**作业分享：** (1) 每人上台展示自己的想法与作品； (2) 交流与分享		
20分钟	确定情景剧的大致方向和主题——双龙的幸福线	(1) 分为两组讨论剧本的主题； (2) 投票选取作品中呈现的要素并将其融入剧本之中		
10分钟	总结与评估	(1) 工作人员总结； (2) 服务对象对活动成效评估； (3) 确定下次活动时间与安排		

注：活动地点均在村委会会议室。

表 2-8　第四节活动“双龙印象·话说家乡(二)”实施计划

时间	目标	活动内容	物资	备注
5分钟	回顾上一节活动	(1) 签到； (2) 工作人员简单回顾上一节小组活动的内容	签到表	
20分钟	增强同伴之间的沟通和合作意识；增进对家乡的认同感	**游戏“你比我猜”：** 4人一组，第一个人通过肢体动作将提示词表演给第二个人，以此类推，最终由最后一人说出答案。提示词的范围是上一节小组活动中所收集到的与家乡有关的素材		注意观察服务对象的表演动作，这体现了对家乡的一种理解与认识
50分钟	协助服务对象描述自己眼中的家乡；提高自我表达的能力；形成小组动力	(1) 服务对象展示自己的家乡作品及对家乡的看法； (2) 讨论并确定情景剧的主题； (3) 讨论剧本内容	纸、笔	工作人员注意辅助与协调
10分钟	总结与评估	(1) 工作人员总结； (2) 服务对象评估； (3) 确定下次活动时间与安排		

注：活动地点均在村委会会议室。

表 2-9　第五节活动“我的家乡·不一样的情景剧(一)”实施计划

时间	目标	活动内容	物资	备注
5分钟	回顾上一节活动	(1) 签到； (2) 工作人员简单回顾上一节小组活动的内容	签到表	
10分钟	提升沟通表达的技巧；了解情景剧撰写所需的知识	**游戏“表情包对话”：** 分为两组，每人有一个表情包，根据本小组的情景剧主题，用表情完成符合逻辑的对话	表情包	

续 表

时间	目标	活动内容	物资	备注
40分钟	完成剧本的设计	(1) 回顾剧本所需，讨论情景剧剧本； (2) 简单展示剧本内容； (3) 在纸条上写下自己在情景剧表演中的角色；完成情景剧的服务对象分工； (4) 布置作业：各服务对象根据分工完成相应的小任务，如音效组准备所需的音乐	纸、笔	工作人员注意辅助与协调
10分钟	总结与评估	(1) 工作人员总结； (2) 服务对象评估； (3) 确定下次活动时间与安排		

注：活动地点均在村委会会议室。

表2-10 第六节活动"我的家乡·不一样的情景剧(二)"实施计划

时间	目标	活动内容	物资	备注
5分钟	回顾上一节活动	(1) 签到； (2) 工作人员简单回顾上一节小组活动的内容	签到表	
10分钟	增强家乡认同感	**游戏"形容词大比拼"：** 4人一组，说出关于家乡的形容词，多者获胜	黑板、粉笔	
15分钟	了解排练情景剧的相关知识和要求	有表演经历的服务对象分享经验与技巧		
40分钟	讨论并排练情景剧	(1) 分享作业并确定剧本的细节； (2) 情景剧排练		工作人员注意辅助与协调

续 表

时间	目标	活动内容	物资	备注
10 分钟	总结与评估	（1）工作人员总结； （2）服务对象评估； （3）确定下次活动时间与安排		

注：活动地点均在村委会会议室。

表 2－11　第七节活动“我的家乡·不一样的情景剧(三)”实施计划

时间	目标	活动内容	物资	备注
5 分钟	回顾上一节活动	（1）签到； （2）工作人员简单回顾上一节小组活动的内容	签到表	
15 分钟	邀请村民参加情景剧表演活动	（1）讨论邀请参加情景剧表演活动的对象和邀请时应当注意的言语技巧； （2）服务对象设计邀请函的内容； （3）布置作业：服务对象将自己的邀请函送给邀请的对象	邀请函	
50 分钟	排练情景剧	情景剧排练并完成彩排	简易道具	工作人员注意辅助与协调
15 分钟	总结与评估	（1）工作人员总结； （2）服务对象评估； （3）确定下次活动时间与安排		

注：活动地点均在村委会会议室。

表 2 - 12 第八节活动“大美家乡·跃动双龙”实施计划

时间	目标	活动内容	物资	备注
5 分钟	确定服务对象到齐人数	签到	签到表	提醒学生提前30分钟到场
10 分钟	明确情景剧表演的流程	(1) 发放节目表； (2) 讲解表演过程中的注意事项	节目单	
20 分钟	第一组完成情景剧表演	(1) 布置表演所需的道具； (2) 完成表演	道具、话筒	两组情景剧表演之中还穿插着其他节目
20 分钟	第二组完成情景剧表演			
5 分钟	自我效能感后测	填写一般自我效能感量表	量表	
15 分钟	总结与分享	(1) 工作人员总结； (2) 服务对象分享		

注：活动地点均在双龙小学。

服务成效：

本次小组服务共开展 8 节小组活动，服务对象为双龙村的青少年，筛选的标准是自我改变的意愿和需求的大小。

根据个人家乡作品和最后情景剧的呈现效果，我们可以发现服务对象对于家乡的认识变得更加丰富，尤其是对于家乡的环境和与朋友之间的关系形成了更深的认识。一些服务对象纷纷发表感慨，比如“烤烟种植使家乡的环境污染比较严重”，“我觉得自己更加依赖朋友了，尤其是拉近了和居住在县城的小伙伴的关系”。这些感慨体现出组员对家乡和对家乡人的认同。一般自我效能感量表的前后测的数据表明，服务对象的自我效能感得分从

2.66 升高至 2.78。这在数据上虽然只是略微增加，但是结合访谈的结果，如“我觉得自己的变化很大，一开始有点自卑，不会和别人一起玩，也不会参加什么活动。但是参加小组之后，我变得自信了”，由此可见青少年的自我效能感确实有所提升。社会工作者对小组工作服务观察后发现，青少年之间的沟通与交流频率增加，交流与合作的技巧有所提升。这是本次小组服务取得的短期成效。

从中期成效看，通过参与小组工作服务，服务对象表示自己可以从两个方面为建设家乡和改善家乡生活环境作出贡献：一是在村民中宣传环保意识并制止不良行为，如提醒家人不要乱扔垃圾；二是努力学习知识，考上大学，将来为家乡尽一份力。

（3）小结

青少年是家乡建设不可或缺的力量，也是未来乡村振兴的重要支持力量。然而在互联网和外来文化的冲击下，青少年对家乡正在发生的变化和可能存在的问题了解不够，甚至对家乡的印象更多的是负面的。青少年较低的家乡认同感可能会导致未来乡村人才的大量流失，不利于乡村的建设与发展。通过本次小组工作服务，我们相信，青少年对家乡的热爱与激情将会化作他们致力于家乡建设的意愿与行动力，而这样一股年轻的力量也将为整个村庄带去新的活力。

在双龙村内开展社会工作服务的社会工作者，面对的是一个非常复杂的农村环境，与城市之间存在着诸多的不同，因此服务开展的视角也应摆脱城市的思维方式。在农村，服务对象的招募并不是一个问题，如何进行筛选，包括筛选的标准与筛选的技巧才是教育振兴小组需要关注的。需求调研有时也会遇到阻碍，因为有些对象自身没有意识到自己的需求，此时如果一味依赖服务对象的自我表达显然是不够的，因此往往需要社会工作者从多角度进行需求的调查与分析。

此外，由于社会工作者这一身份在农村的知晓度非常低，如何凭借专业知识进行乡村振兴，是当今中国社会工作界应当思考的问题。我们认为，社会工作者应当与村委会保持紧密的联系，这种联系不仅是让村委会在各个方面支持自己的活动，更重要的是让村委会的成员了解社会工作者的身份，了解社会工作者所开展的工作的意义。当村委会成员开始接受社会工作者并与其形成相同的目标后，社会工作在农村的“入场”问题便能够得到解决。

课业辅导、小组活动和学习交流会共同构成了为期一个月的暑期学校，这在一定程度上弥补了当地学校系统中的缺失。在举办暑期学校的过程之中，我们还重点关注了家庭与同辈群体系统对于儿童和青少年的重要影响，其中同辈群体系统的介入较为明显，在三个活动之中都有所涉及，家庭系统的介入则主要在暑期学校举办过程之中和结束之后的家访中有所体现。在与学生家长沟通交流时，社会工作者一方面了解该家庭的教育理念，另一方面以暑期学校为基础，向其简单讲述更加科学和理性的教育方式。

通过暑期学校的一系列活动的开展，我们与双龙村内的儿童青少年群体及其家庭系统之间产生了较为良好的互动，但是这一过程之中也遭遇了两大挑战。一是参与人数远超计划，无论是课业辅导还是小组活动的参与人数都远远大于我们的计划人数，这在一定程度上使得教育振兴小组成员的精力不足以回应所有参与者，从而使得活动成效有所降低。因此，在后期的活动中如何对服务对象进行一定的筛选，依然是需要关注的问题。二是个别服务对象的不参与和不配合。面对这部分学生，我们采取的措施是先了解其个人情况并做好记录，如果适合个案介入，就在后期对其开展相应的个案服务。如果这部分学生的问题呈普遍性，就相应地增设服务，如后期开展学习经验交流会等。

四、总结与反思

1. 总结

自 2018 年 7 月底进入双龙村开展乡村振兴工作起，教育振兴小组走访调研各自然村，了解各自然村的人口经济状况和脱贫状况，并在此过程中与村委会成员、各村民小组组长交流，了解村中的发展状况。在进行服务设计时，我们主要考虑到了青少年群体，考虑到孩子在家中、在村中的特殊地位，加之服务开展时间为假期，以及调研过程中发现很多孩子在学业方面存在困难，所以我们的服务计划以孩子学习辅导为切入点，先带动家庭，再带动整个乡村社区共同参与。

我们针对青少年的服务是从暑期学校的课业辅导开始的。因为地区教育问题和课业难度问题，孩子的数学知识基础普遍比较薄弱，所以我们主要进行了针对初中数学的课业辅导，在此过程中还对小学生进行了作业辅导并带领他们参与一些文娱活动。在暑期学校开办的过程中，我们发现很多学生存在学习动力不足、学习行动力较差的问题，在商讨之后我们举办了以分享学习经验为主题的交流会，希望以同村大学生的学习经历来激发中小学生的学习动力。交流会整体取得了较为明显的成效。但后来我们发觉孩子的学习动力只是暂时的。教育振兴小组多次商讨这一议题，并将其放入接下来的教育振兴的主题中，计划开展青少年学习动力提升小组工作。教育振兴小组还成立了以提升自我效能感为目标的情景剧小组，希望孩子们通过情景剧排演，在进一步认识家乡的基础上，发挥长处，提升自我效能感。在排演过程中，部分孩子对于情景剧这种新的表演形式认知不足，教育振兴小组遇到了一定困难，但在后期小组活动负责人的积极引导和各编排小组负责人的配合下，情景剧的演出获得了村民们的好评。此外，为了丰富青少年的社区文娱活动，我们分别举办了青少年文体竞赛活动和社区文娱晚会，让孩子们发现自己的闪光点，并引导家长去发现自己孩子的长处。这些活动通过传播社区意识，为乡村社区的建设打下了基础。社区文娱晚会获得了村委会成员、村民、参与人员的多方好评。当然，其间也出现了节目审查不够慎重的问题，我们对此积极回应，为今后工作的开展提供了借鉴。

我们针对青少年群体的教育振兴计划主要是以生态系统理论为指导的。我们在前期初步调研和深入乡村的过程中接触的多是青少年自身，很少关注青少年所处的环境对其影响。因此，后续的教育振兴计划加入了针对青少年中系统和外系统的活动，而不只是聚焦于青少年本身，例如关注家庭支持的国庆亲子活动和关注学校环境的影响。在后续活动中，我们持续关注学习动力不足并有辍学倾向的群体，针对其开展服务。此外，在后续服务计划中，我们对卫生健康问题也有所涉及。除持续关注青少年群体外，教育振兴小组还注重开展妇女文娱活动和乡村敬老活动，在丰富乡村文娱活动的同时助力乡村文化建设，努力达到文化振兴的目标。

教育是地区持续发展的动力，是千万家庭的希望。教育振兴作为乡村振兴的重要组成部分，对于乡村的进一步发展、降低贫困发生率有特殊作用。在乡村振兴战略之下，党中央将农业农村农民问题当作关系国计民生的根本性问题，不断引领解决好“三农”问题。与此同时，教育振兴小组应担起自己的时代使命，不断探索助力乡村振兴的社会工作服务。教育振兴小组将不断回应时代要求，在双龙村中持续开展符合村民需求的服务，助力乡村繁荣振兴。

2. 未来计划

除了前期的以课业辅导为主的暑期学校、以提升自我效能感为目标的情景剧小组，以及社区文体活动和学习交流会等一系列活动，教育振兴小组将继续以文化振兴、教育振兴作为服务的主要方向。所不同的是，接下来教育振兴小组的计划不只是聚焦于青少年群体本身，而是更加关注青少年受到中系统和外系统影响的情况，为青少年寻求更多来自家庭、学校和同辈群体的支持。此外，未来计划将更加具体，多关注在前期活动开展的过程中所发现的具体问题，并针对这些问题开展服务，例如开展青少年学习动力提升小组、卫生健康知识小组等工作。

教育振兴小组成员也都依据教育振兴方向初步确定了自己的研究方向，其中包括研究青少年隐性辍学问题、学校中的打架斗殴问题等。教育振兴小组中的一个成员准备进一步了解青少年所在的学校环境，研究其逆反行为和辍学倾向产生的原因；另一个成员准备深入双龙小学，将小学生群体作为自己的观察和服务对象。教育振兴小组也期望通过暑期学校的小组活动来普及卫生健康知识，达到改变青少年行为习惯的目的。除此之外，教育振兴小组准备继续对青少年中学习动力不足的个体进行干预，希望以团体治疗的方式，通过传授时间管理、情绪管理方法等来激发青少年学习动力、降低其辍学率。

第三节　从学校到家庭："亲子同乐"与家庭沟通

一、聚焦亲子关系的需求预估

亲子关系是家庭关系的重要组成部分，它影响着个人生活、心理、行为认知等多个方面。现有研究表明，亲子关系作为一种情感方面的因素，并不能直接影响学生认知结构本身，也不能直接决定学生的学习成绩，但它能对学生的学习动机、态度、情绪、性格等产生重大影响。此外，良好的亲子关系有利于青少年的健康发展，不良的亲子关系则会对青少年的发展起到阻碍作用。然而，我们走访之后发现，部分家庭对亲子关系关注不够、家长和孩子之间沟通互动较少，具体体现在家长对孩子在学校里的情况了解较少，部分家长不了解孩子所处班级、班主任甚至学习成绩等情况。这不利于建立良好的家庭关系，进而不利于孩子身心健康和全面发展。此外，自教育振兴小组入驻双龙村以来，双龙村村民都忙于烤烟田间管理等项农事，很难有空闲时间参加我们的服务活动，因此 9 月份针对村民的服务活动很少。从 10 月初开始，烤烟生产活动全部结束，村民在空闲时间可以参加教育振兴小组的活动。

鉴于此，经过综合考虑和协商，我们联合双龙村村委会和双龙小学共同举办迎国庆亲子活动，以期在宣传国庆知识的同时增强亲子互动，促进良好亲子关系的建立。

二、以角色互换增进亲子沟通

1. 宣传国庆知识，增加村民对国家、村庄的了解。

2. 增进亲子沟通，体会合作的乐趣；并通过角色互换，学习换位思考，相互体谅。

三、结合国庆活动的“亲子同乐”

活动安排见表 2－13。

表 2－13　迎国庆亲子活动安排

时长/分钟	环节	内容	道具
	签到	按家庭签到、分组并用便利贴标明	签到表、笔、便利贴
5	开场	介绍本次活动的主办方、活动的目的和流程	
10	“五角一元”	用 1.5 元、1 元、5 角的“价格”分别对应参加活动的女家长、男家长和孩子，根据带领者口令，凑齐相应数字站在一起	
20	知识竞赛	家长和孩子各自从问题库中抽取纸条，每张纸条上会有 10 个问题，家长与孩子互相询问，每题一次回答机会	家长和孩子问题库各 1 个
30	“你画我猜”	家长和孩子先确定身份（提示者或者猜题者），由提示者抽取问题用动作或者语言描述，但不能出现答案中的字，猜题者根据提示猜题，每组限时 2 分钟，不会的可以跳过	问题卡

续　表

时长/分钟	环节	内容	道具
30	“地雷阵”	一方蒙着眼睛，由另一方指挥通过设有障碍的道路，碰到障碍即为挑战失败。第一轮由家长做指挥者、孩子做被指挥者；第二轮角色对换	障碍物
25	分享	参与者分享参加“地雷阵”时的感受	分享引导词

四、总结与反思

从现场活动效果和后期对服务对象的访谈可知，我们对国庆知识、村庄知识进行宣传的目标基本上实现了，家长和孩子在活动过程中也体验到了合作的乐趣。部分家长表示，之前从未参与过相关活动，希望教育振兴小组以后多举办类似活动。不过，此次活动通过角色互换让家长和孩子学会换位思考的目的几乎没有达到，原因在于后期部分参与人员因事离开，留下的人员较少，而且我们对他们的引导也存在不足。

活动内容的设计考虑到了国庆知识、所在村庄基本情况、家长和孩子互相了解的程度等，使得参与人员能够有效地参与活动，也能够增进他们对于各方面知识的了解。这表明，我们在内容的设计方面充分考虑了“在地化”，也实现了与服务目标的有机结合，增进了家长对孩子学习情况的了解和孩子对家长生日、喜好的了解，进而增进了亲子关系。

活动的困难在于活动场地和场地音响设备等硬件方面。活动需要使用便携式的音响，但在活动开展时话筒数量不足，音响效果不理想，这在一定程度上影响了活动的顺利开展，影响了参与者的活动体验。基于谁的需求一直是服务中的困惑，我们很容易从城市视角看待双龙村村民的需求，结果就是我们基于在城市服务中的经验开展相应的服务无法取得令人满意的效果。

第四节 “情暖夕阳”：营造社区敬老爱老氛围

一、老年人的精神文化生活需求

《“十三五”国家老龄事业发展和养老体系建设规划》强调，丰富老年人精神文化生活是一个重要的无可替代的部分。老年人既需要物质赡养和生活照料，也需要精神文化生活，两者缺一不可。

教育振兴小组通过与村委会成员交流得知，双龙村共有 6 位五保户老人，17 位 65 岁以上的建档立卡户老人。其中，1 位五保户老人无儿无女，独自生活在一栋约 25 平方米的砖瓦房内，且与主村落距离较远，平时与其他老年人交流较少；建档立卡户老人，属于村中比较贫困的老年人群体，生活条件艰苦。在走访过程中，我们了解到有些老年人存在严重的睡眠问题，具体表现为夜间入睡困难。村里老年人的精神文化生活比较缺乏，许多老年人白天独坐在自家门前发呆，晚上数着星星入眠。出现这一现象的主要原因就是双龙村的组织化程度低，农村的社区功能不足，无法及时、有效地满足不同群体多样化的需求；老年人缺少坐在一起聊家常的平台。针对收集到的信息，教育振兴小组以重阳佳节为契机，以双龙村五保户和建档立卡户老人为服务对象，开展了一次营造乡村敬老氛围的活动，组织老年人齐聚一堂，感受敬老之情，为建设老年人友好型社区进行初步尝试。

二、社会支持理论的引入

社会支持网络是各种有形的支持和无形的支持构建起来的支持体系，是一组由个人接触所构成的关系网，通过这些关系网，个人得以维持其认同，并获得情绪支持、物质援助、服务、信息、新的社会接触等。社会支持的增加，使得人们的心理健康水平显著提高；社会支持适时介入有压力的环境，可以预防或者减少危机的发生；适当的支持可以介入压力的处理，解决问题，减少压力造成的不良影响。在利用社会支持理论时，社会工作者需要从个人和社区两个层面评估服务对象的社会支持网络，从而拟定服务计划。因此，社会工作者的任务是：一方面，帮助服务对象运用网络中的资源解决基本问题；另一方面，帮助服务对象拓展其社会支持网络，并提升其运用社会支持网络的能力，从而达到助人自助的目的。

五保户老人和建档立卡户老人作为老年群体中的弱势群体，得到了政府的大力关照和支持。具体表现在，在精准扶贫的大背景下，他们无须缴纳养老保险和医疗保险便可以享受同等服务。这一无形的社会支持给五保户老人和建档立卡户老人带来了福利。但是，精神关怀却无从谈起，独自居住的孤寡老人比其他老年人更加寂寞和孤独，这说明了正式支持在对农村老年人的社会支持上有所缺失。作为支持者的教育振兴小组成员将老年人身边的非正式支持主体融汇于服务设计中，通过动用社区内的能人资源，以非正式支持主体的力量，为老年人带来了精神上的愉悦。教育振兴小组还邀请建档立卡户老人的儿媳参与活动，教授她们敬老孝老的操作方法，增强其敬老意识，引导她们践行敬老孝老理念。同时，教育振兴小组还努力提升老年人的自养能力，通过教授手指操和秋季养生小知识，达到老年人自助的效果。

三、以重阳节为契机的社区服务

目标：

此次敬老活动以重阳节为契机，让老年人齐聚一堂，在有交流、有欢笑的氛围中学习自我保健小知识，并扩建和改善社会支持网络。

服务内容：

以“老年健康”为主题，通过邀请五保户老人和建档立卡户老人及其儿媳共同参与活动，让老年人在儿媳和教育振兴小组成员的带领下，动脑学习秋季养生小常识，动手学习一套手指操，以预防部分老年病的发生，缓解部分老年病症状，强化老年人的身体机能，助益老年人身体健康，提升其睡眠质量。

教育振兴小组挖掘村中优势资源，邀请村中歌唱能人为老年人欢唱一曲，以歌声唱响敬老；邀请村中书法能人为老年人挥毫送祝福，以笔尖书写敬老。教育振兴小组部分成员还为老年人包饺子，用美食引领敬老，让老年人在歌声飘扬、祝福飘飘、美食飘香中欢度重阳节。

制作并分发秋季养生小常识宣传单，以免老年人遗忘活动过程中讲解的小知识；同时，希望老年人通过分享宣传册，向子孙传授手指操，在促进老年人与子代、孙辈互动的同时，也将活动受益人群扩展至老年人身边的亲友，扩大服务的影响力。

四、服务方案

1. 服务对象

双龙村 65 岁以上建档立卡老年人、属于五保户的 60 岁以上老年人。

2. 服务时间

2018 年 10 月 17 日(重阳节)14:00—15:30。

3. 服务过程

具体活动安排如表 2 - 14 所示。

表 2 - 14　爱老敬老活动安排

时间	活动名称	内容	负责人	物资
10 月 14 日前	活动筹备工作	(1) 确定活动场地； (2) 确定活动内容、活动形式； (3) 确定活动流程和细节； (4) 确定服务对象，在村委会的配合下筛选服务对象名单； (5) 社区走访，挖掘能人(书法能人和歌唱能人)，邀请书法能人挥毫写祝福对联； (6) 筹备活动物资； (7) 制作秋季养生小常识宣传单	方雪	活动签到表、活动计划书、场地布置物资等
10 月 16 日	分工和规则介绍	(1) 工作人员分工； (2) 敲定活动细节； (3) 介绍活动规则； (4) 工作人员入户邀请； (5) 请求村党总支书记通知各村小组组长，由小组组长入户邀请	方雪	

续 表

时间	活动名称	内容	负责人	物资
10月17日	活动现场工作	布置场地(12:00—12:30) 签到(13:45—13:55) 老年人集合签到(行动不便者由子女护送) 开展活动(14:00—15:30) (1) 主持人开场白； (2) 村党总支书记致辞； (3) 老年人秋季养生小常识普及； (4) 歌声唱响敬老：一首歌的祝福； (5) 老年人手指操教学； (6) 笔尖上的敬老：对联送祝福； (7) 舌尖上的敬老：饺子尝尝鲜； (8) 工作人员给老年人分发礼品； (9) 老年人分享参与活动感受,主持人做活动总结	教育振兴小组全体成员	签到表
10月17日	活动素材整理	(1) 照片整理、新闻稿的编写； (2) 财务整理； (3) 签到表整理	方雪	

4. 预计困难及其对策

有些老年人可能行动不便、肢体协调性不佳、身体状况较差,需要格外关照,确保老年人的安全。部分老年人可能听不懂普通话,教育振兴小组成员也可能听不懂老年人说的方言。邀请歌唱能人或者在场儿媳做志愿者,协助教育振兴小组成员与老年人顺畅沟通。

5. 服务评估

服务评估采用过程评估和结果评估相结合的方式。过程评估依靠工作人员现场观察实施，以评估活动内容的可操作性和活动形式的适配性。结果评估则依靠教育振兴小组成员对服务对象进行访谈，以发现此次活动的得与失。

6. 实施和总结

活动在双龙村党总支书记张选开的致辞中拉开帷幕。张选开指出，敬老爱老是中华民族的传统美德，更是子女应尽的义务。此次华东理工大学社会工作者借助重阳节开展的敬老活动，将敬老爱老落到了实处，希望老年人今天能度过一个很有意义的重阳节。他也代表村委会感谢社会工作者的辛勤付出。

教育振兴小组为老年人讲解了秋季养生小知识，并邀请村委会文书张超用方言转述，在场人员十分投入。教育振兴小组成员方雪带领老年人学习手指操，同时也邀请在场老年人的儿媳用方言转述手指操的功效，老年人都十分用心，现场还不时发出阵阵笑声。

老年人的身体健康离不开精神上的愉悦。此次活动还特地设计了三大敬老活动——一首越剧版《天上掉下个林妹妹》，将老年人喜欢的戏曲唱段呈现在他们眼前、耳边，以舞台表演唱响敬老；特邀村中书法能人为老年人挥毫送祝福，以笔尖书写敬老；小组成员还特地为老年人准备了丰盛的饺子宴，让老年人品尝美食，以舌尖引领敬老。最后全体合影，老年人对教育振兴小组的关心表示了感谢，活动顺利结束。

第五节　从“大美家乡”到“舞动双龙”：社区公共文化生活建构

一、村民的公共文化生活现状和需求

党的十九大报告提出了“产业兴旺、生态宜居、乡风文明、治理有效、生活富裕”和“培养造就一支懂农业、爱农村、爱农民的‘三农’工作队伍”的乡村振兴战略。很多学者认为，社会工作在乡村振兴中大有可为①，社会工作者可以充分发挥专业方法和角色优势助推乡村振兴。社会工作者在理论和实务方面也积淀了乡村振兴在现实进路中的专业突围和未来的发展空间②。

社会工作与乡村振兴战略在多个方面存在着较高的亲和性。然而在农村，村民之间的联系日益减弱，表现为逐渐“原子化”的状态，青壮年有生力量减少，乡村社区共同体面临着瓦解与消失，农村工作队伍素质不高，人员不足，老龄化严重③。

一般来说，社会工作者最擅长改善人们之间的关系，促进和增强不同个人、群体的联结。教育振兴小组此次活动以需求调查和综合关系建立为基础，从社区营造和社区发展等方面回应乡村振兴。服务活动以妇女、青少年群体的需求为导向和出发点，以社区为落脚点。通过精心设计各种活动，以

---

① 陈涛：《社会工作在乡村振兴中大有可为》，《中国社会工作》2017 年第 34 期。

② 陈相云：《社会工作与乡村振兴：实践困境、价值亲和与专业突围》，《理论月刊》2018 年第 4 期。

③ 陈涛、徐其龙：《社会工作介入乡村振兴模式研究——以北京市 Z 村为例》，《国家行政学院学报》2018 年第 4 期。

青少年和妇女作为撬动乡村社区建设的支点，教育振兴小组运用各种方法来增进村民之间的互动与互助，改善村民之间的关系，使村民结成有力的网络和团体。村民在解决共同问题的过程中逐步增强社区意识和归属感，进一步推进集体行动，营造出一个邻里互动、村民互助、社区参与、村民互信的村庄共同体。

相较于小组工作和个案工作，社区工作对于乡村振兴具有独特的优势。首先，社区工作强调社区成员的合作，设法充分调动社区内资源，最大限度地帮助案主。其次，社区工作鼓励社区成员关心社区问题、积极参与社区活动，以此增强社区的凝聚力，共同争取更多的外部资源。最后，如果案主遇到的问题是具有普遍意义的社会问题，社区工作能从外部社会环境入手，更有效地解决案主的问题。因此，社区工作对于增强社区凝聚力和乡村内部力量有独特作用。

在刚进入双龙村进行走访调研时，教育振兴小组就关注到了妇女这一群体，在访谈中也特意询问妇女的生活情况。在走访中我们了解到，妇女群体在日常生活中几乎没有文娱活动，舞蹈队因为农忙被搁置，一些人表示在晚上空闲下来的时候比较无聊，希望参加一些类似跳舞的活动，但是不知道从何做起。考虑到双龙村妇女的文化水平不是很高、理解力不是很强，我们设计了简单的访谈提纲来调查妇女的文娱活动情况。

实施双龙村乡村社区营造计划，我们以孩子带动妇女，从而带动整个家庭。我们还设计了问卷，调查青少年群体在双龙村的文娱活动开展情况。

我们对 10 名妇女进行访谈后了解到，她们在农忙，尤其是在收烤烟期间的晚上没有空闲时间。到了 9 月底至 10 月初，烤烟的主要活儿干完后，她们的空闲时间较多。一些妇女会外出打零工，但是多数妇女要照顾家中老人而无法外出。有妇女说，“觉得自己会在这种无聊的时光当中老去，但是很无奈”。也有人说，“附近乡村大多有出色的文艺舞蹈队，比赛活动中经常拿奖，但是我们村没有”。在访谈过程中，几乎所有参与访谈的妇女都表示，自己所需要的文娱活动就是跳舞，因为跳舞简单而且热闹。

对于青少年在双龙村的文娱活动，我们主要调查了参与暑期学校的青少年群体，总共发放了40份问卷，回收39份有效问卷，其中小学生19份、初中生20份。在“你是否参与过双龙村举办的文娱活动?”一问中，有21份选择了“否”、15份选择了“是”，但是从后续问卷结果分析猜测，很多选择“是”的同学是将教育振兴小组开办的暑期学校包括在里面，所以才选择“是”。在“你觉得乡村的文娱活动能否满足自己的需求?”一问中，有12份选择了“不能”和“没有文娱活动”。在“如果我们和村委会联合举办文娱活动，你是否愿意参加?”一问中，35份选择了“十分愿意”和“愿意”，并且很乐意成为我们的活动志愿者。在“你对于乡村开展有关青少年的活动有什么建议或意见?”一问中，很多人都回答了此问题。为了具体了解小学生和初中生的文娱爱好，我们分别询问了他们，发现小学生多倾向于绘画活动、初中生多倾向于体育活动。

了解到妇女群体文娱活动缺失的状况之后，我们向村干部询问为何双龙村没有舞蹈队。村干部表示一个自然村曾经有舞蹈队，但是因为农忙而被搁置。在和村委会成员沟通后，我们打算重建乡村舞蹈队。在对妇女进行访谈的过程中，我们了解到妇女闲时也不能跳舞的原因主要有两个，一是无合适的场地和设施，二是没有领头人物。因此，我们与村委会成员协商解决场地和设施问题，并与舞蹈队建立联系。

在分析青少年群体的文娱活动缺失的原因时，我们发现很多学生在学校中其实并不缺乏文娱活动，很多人都是学校节日表演活动的积极参与者，但是暑假期间在家闲着，觉得很无聊。在进一步访谈的过程中我们发现，很多青少年认为文娱活动缺失主要是乡村缺乏文娱氛围。

根据以上情况，我们确立了两个主题：一个是面向妇女群体的乡村舞蹈队的重建与人员招募，另一个是面向青少年群体的社区文娱活动。

二、结合生态系统理论与地区发展模式的服务设计

1. 生态系统理论

当栖息地有丰富的资源，能够满足有机体成长和发展所需时，人就会逐渐地繁殖和成长；当栖息地缺乏必要的资源时，人的生理、社会、情绪的发展和相关的功能则会受到严重影响。人们及其所处的环境也被视为相互依赖且彼此辅助的一个整体，人和环境互为对方进行着持续的改变和塑造。个人与朋友、亲戚、邻居、同事等，甚至与宠物的联结所产生的支持性社会网络，可减轻生活压力对人所造成的负面影响，这是一种“滋养性”的环境。滋养性环境能够在适当的时刻以适当的方式提供必要的资源、安全与支持，以增进社区成员的认知和情绪发展。相反，如果人面对生活压力但缺乏社会支持时，就会出现沮丧情绪，甚至产生偏差行为，这是不友善环境。不友善环境缺乏或扭曲了支持资源的提供，因而阻碍了人的发展和对环境的适应。此服务设计主要关注生态系统理论中的宏观系统的建立，通过社区活动的开展，在满足各群体文娱活动的需求的同时，使村民逐渐形成社区意识。

2. 地区发展模式

地区发展模式是通过鼓励社区居民参与、互助和合作，再辅以上级政府和外界组织的协助与支持，调动社区内外资源，解决社区问题，满足居民需求的一种工作模式。该模式强调的是居民的参与和合作沟通，注重培养居民在参与社区发展过程中个人能力、公共意识和社区归属感，而不仅仅是社区物质环境的建设。地区发展模式起源于发展中国家的农村发展，之后被发达国家的城市社区工作所借鉴，成为世界上促进社区发展的主要模式。该模式重视社区硬件环境建设和社区中的人的发展，而且认为社区发展中人的能力提高、公德意识的培养、社区归属感和认同感的培养比简单的物质环境的建设更重要。该模式的工作思路基本上是引导居民参与、与各级相关部门沟通协调，通过协作来解决社区问题的。该模式强调人的发展是第一位的，所以开展工作的难度较大，不像简单的社区物质环境建设，只要有钱就可以。但也正因为如此，其工作成效才会更加持久，也才会更有利于基层民主建设。

《中共中央办公厅、国务院办公厅关于转发〈民政部关于在全国推进城市社区建设的意见〉的通知》明确提出："坚持政府指导和社会共同参与相结合，充分发挥社区力量，合理配置社区资源，大力发展社区事业，不断提高居民的素质和整个社区大的文明程度，努力建设管理有序、服务完善、环境优美、治安良好、生活便利、人际关系和谐的新型现代化社区。"中国社会有着和谐的传统文化基础，注重乡土意识和邻里互助，再加上党中央高度重视居民自治的基层民主建设，这些都是社区发展的有利条件。当然，由于我国高度统一的单位制组织结构尚未转化为功能分化的多元组织结构，政府部门习惯于对基层社区下命令，实行行政领导，加上市场经济机制的扩大和入侵，这在一定程度上会影响居民参与社区发展。在以上因素的作用下，社区发展不能真正成为居民的支持力量，不利于建设滋养村民的乡村环境。但较城市而言，乡村受市场经济体制的冲击较小，村民的乡土意识和邻里互助意识更强，从而有利于乡村建设。

本服务设计的直接目标是弥补乡村文娱活动的缺失，增加青少年、妇女等群体的文娱活动；增进村民之间的互动，使他们建立起更加亲密的关系；通过活动的开展使更多村民更广泛地了解教育振兴小组并建立联系。

本次服务的间接目标是增强村民的社区意识，为我们今后的工作打下基础；为村民尤其是青少年群体和妇女群体提供表达的机会；借此活动挖掘乡村精英作为后续活动的重要支持力量。

本次服务的终极目标是成为常规社区建设项目，结合其他活动进一步促进社区发展。

三、“大美家乡”与“舞动双龙”

1. 准备阶段

第一，与村干部交流。通过访谈，我们首先了解在现阶段乡村振兴的背景下双龙村的乡村文化和文明建设情况，了解村干部和村民对于乡村建设的了解程度和建设意识，同时充分了解村干部在乡村建设中扮演的角色，通过其号召力并运用其乡村治理经验来助力社区活动的开展。

第二，挖掘乡村精英人士。初到双龙村时，我们的调研小组就对双龙村的自然村落依次进行了走访调研，获取了各个自然村的基本脱贫情况和教育情况。在此过程中，我们也对各个自然村的乡村精英人士进行了初步了解，并在后期进行了一些线上的交流。虽然现阶段在自然村的调研尚未完全结束，但我们已经在不断挖掘和发展乡村精英，为后续的乡村建设做准备。

第三，通过暑期学校和小组活动激发青少年的社区意识。暑期学校和前期开展的小组活动不仅使我们团队与双龙村建立了联系，而且通过上述活动激发了青少年的社区意识，尤其是小组活动中以家乡为主题的情景剧的排演，激发了青少年群体对家乡的热爱之情，并在此次社区活动中进一步升华这一情感。

第四，招募和宣传。利用舞蹈队进行宣传；村委会成员和各自然村小组组长宣传；通过暑期学校和小组活动，向青少年群体进行活动宣传，并在此过程中挖掘有特长的青少年参与活动，同时以孩子来带动整个家庭的参与。

2. 实施阶段

活动实施方案、活动中遇到的困难及其对策见表 2－15、表 2－16、表 2－17。

表 2－15　第一阶段：重建乡村舞蹈队①活动方案

日　期	7 月底—8 月底
时　间	晚间
地　点	双龙村村委会办公地
目　标	重建乡村舞蹈队，增加乡村的文娱活动，使妇女群体成为后续建设社区的强大力量

① 活动说明：乡村妇女舞蹈队原本就有，但是已经很久没有开展活动了，此次任务只是重建；农忙时节活动的时间很少，多为妇女自行前来；如果有必要，此活动就会持续开展，并不一定要在 8 月底完结。

续　表

活动内容	向舞蹈队学习舞蹈，教授新的舞蹈，同时吸引和招募更多妇女加入舞蹈队
责任分工	吴思雨、霍亚琴：歌曲准备 教育振兴小组全体成员：教授舞蹈、学习舞蹈 教育振兴小组全体成员：与舞蹈队妇女交谈获取信息 教育振兴小组全体成员：调研中了解妇女的文娱需求并招募成员
所需资源	场地设备资源（由村委会提供） U盘

表 2-16　第二阶段：青少年文娱竞赛活动方案——"HURRY UP 双龙少年"

日　期	8月21日
时　间	13:30—16:30
地　点	双龙村村委会办公地、双龙小学
目　标	以"双龙村第一届青少年文娱活动竞赛"为主题，在丰富青少年群体的文娱活动的同时，增加村里青少年群体的互动；通过此项目实现以孩子带动家长的想法
活动内容	少儿组——绘画比赛、丢沙包比赛 青少年组——个人乒乓球比赛、个人扔沙包比赛（男女组）、定点投篮比赛（双人组）、趣味运动比赛（乒乓球接力四人组、两人三脚四人组、踢鞋子比赛）
任　务	宣传海报设计比赛、少儿组绘画比赛、少儿丢沙包比赛、乒乓球比赛、扔沙包比赛、定点投篮比赛、趣味运动比赛的奖品准备、参赛学生安全知识教育、颁奖仪式安排
所需资源	场地资源：双龙小学和双龙村村委会提供 乒乓球、乒乓球拍由双龙小学提供 自备物资：彩笔2盒、蜡笔1盒、A4纸40张、沙包4个、绳子10根、哨子2个 奖品：书签、笔记本、贴纸、素描本

表 2－17　第三阶段：双龙村乡村文艺汇演活动方案——“SHOW 出家乡 SHOW 出我”文艺汇演

日　期	8 月 23 日
时　间	20:00—22:00
地　点	双龙村村委会办公地、双龙小学
目　标	以文艺汇演的形式将前期活动的成果展现出来，增强青少年社区活动意识、责任意识和创建美好社区的能力；将村民聚集到社区文艺汇演中感受乡村社区氛围，同时增强对家乡的自信心
活动内容	将前期的小组活动情景剧和舞蹈队的舞蹈以文艺汇演的形式展现出来，同时挖掘青少年群体中有特长的人，邀请村民参与社区文艺晚会。晚会包括舞蹈表演、乐器表演、情景剧表演、歌曲表演等
任　务	宣传海报设计、走访宣传、场地布置、确定设备、背景音乐播放、场控、小礼品发放
所需资源	场地和设备资源：双龙小学和村委会提供 衣服自备 自备物资：彩带、彩笔、彩灯、剪刀、卡纸 奖品：玩偶

困难	对策
舞蹈队由于妇女农忙、开展的时间少，短时间内可能难以培养领头人士	增加引导重建的时间，同时招募更多感兴趣妇女的参与
青少年文娱竞赛活动的安全问题	进行安全知识教育，开展安全隐患较低的活动，开展比赛时有人员看护控制，避免比赛太过激烈
文艺汇演的场控问题	招募村庄志愿者，同时充分利用暑期学校学生参与的力量来开展活动
社区意识的传递	多以“团体”“社区”“团结”的话语感染村民
物资的购买准备	多选用易选购的物品，在奖品方面多考虑奖品背后的意义，而不是专注于奖品本身
村民招募困难	动员村委会成员，让青少年参与宣传，动员家长

3. 评估阶段

(1) 过程评估

第一，项目进度评估。重点评估项目是否按照预期的进度进行，如果每一步或者每一阶段都能够严格地按照预期的进度进行，项目就会取得成功，否则就是项目设计出了问题。

第二，可操作性评估。增强项目的可操作性，即项目的设计务必符合最基本的要求——具备可操作性。

(2) 结果评估

第一，满意度评估。

第二，自我评估。

第三，项目成本评估。

第四，项目功能评估。

(3) 评估结果

第一，活动过程。

8 月 21 日，我们进行了文体活动竞赛，少儿组主要举办绘画活动，青年组主要举办一些体育竞赛，还有一些趣味项目。活动中出现了一个小插曲：我们分发奖品的时候，发现有物资缺失。教育振兴小组成员都没有动过物资，所以怀疑是被一些小孩临时拿走了。但是对于这件事情，除了有些小失望，我们也反思了自己工作中的不足，比如没有考虑到这种情况，把物资放到触手可及的地方，出现了物资缺失。

整体来说，我们的文体活动是有序地进行的，尤其是青年组的一些趣味活动，激发了很多青年的热情，他们都十分乐意参与进来。有的同学现场就要报名，其实这也体现了部分孩子缺少规则意识。少儿组在选绘画冠军的时候也出现了小插曲，因为是孩子们的竞赛，所以我们觉得由老师选出优胜作品不太合适，于是采取参赛者投票的方法。但是，我们没有考虑到有些同学只会把票投给和自己关系好的人，他们并不会考虑作品本身的好坏，最后两个人际关系处理得好的孩子获得前两名。一个孩子自认为画得比较好却没能取得好名次，就向老师诉说，他觉得这个竞赛不公平。我们尽力去安抚他，然后把他的画作收藏起来，表示对他的鼓励。

8 月 22 日，我们主要是进行了社区活动的节目编排，暑期学校和情景剧小组活动都到了收尾的阶段。但是，让我们有些头疼的是，很多同学临时表示自己想参与活动，我们又不忍心打击他们的热情，就答应了。最后，我们只能尽力来多编排节目，以保证节目质量。在乡村社区开展活动的时候，先前在城市社区工作中应对突发情况的办法并不都适用。因此，这对我们来说是一个不断探索积累的过程。

8 月 23 日，终于迎来了我们筹备已久的社区文娱晚会。上午，我们主要是进行场地布置和人员分工。很多未参与晚会节目和没有节目任务的同学都被我们邀请来做志愿者，为我们分担一些工作。这些孩子也都非常有责任心，能够热情地参与进来。下午，我们主要进行了社区文艺晚会的节目彩排，同时邀请了村委会干部和学校老师作为嘉宾出席我们的晚会。

在节目彩排的过程中，我们原先没有考虑到音响设备有这么多突发状况，导致前几个节目的效果不是很好，后面村干部搬来了村委会的音响设备，才解决了燃眉之急。在乡村，可能大家的容忍度还是很高的，出现这样的情况，大家能够理解。如果是换成了其他地方的观众，大家是否还会容忍，就很难判断了。

第二，活动评估。

就晚会的参与度而言，22 人参加了少儿绘画竞赛，24 人参加了青年体育竞赛，45 人参加了社区文娱晚会（观众不计）。

在 8 月 24 日总结社区文娱活动的时候，我们对村干部、观众和其他参与者进行了访谈。村干部表示，双龙小学很少有这样的娱乐活动，教育振兴小组的到来为这个村子、为这些孩子增添了很多乐趣。接受访谈的 8 名青年表示，他们对自己的家乡有了新的认识，交到了很多朋友，甚至改变了对一些同学的原有印象；这种活动很有趣，应该多办，在参与活动的过程中还发现了自己的长处。另外，有 5 名观众接受了访谈，他们表示，从来不知道这些小孩这么有才，村里很久没有这样的活动了，今后应该多办。

四、总结与反思

教育振兴小组的实践进行到本阶段，成员们在团队合作方面已经形成默契。大家分工明确，工作有序开展，并且能在工作中互相帮忙。从评估结果来看，该服务取得的成果十分显著。更重要的是，在此次活动的准备和举行阶段，涌现出一些青少年群体和妇女群体的精英领袖人物，这与社区发展模式的要求契合，使社会工作在乡村振兴实践中形成了更多可利用的资源。

第三章　以文化传承为中心的社区干预：以小海新村为中心

本章主要介绍的是华东理工大学社会工作专业学生组成的文化振兴小组如何通过“新村·新民”与苗族文化，传承振兴小海新村的扶贫项目。文化振兴小组在项目实施过程中不断地同小海新村干部和周边村落居民、村委会、学校等积极互动，并与指导教师经常交流。该小组在调研当地可利用资源与存在的问题后，设计出通过社区为本的整合社会工作方法来达到文化传承目标的方案。文化振兴小组以“入户＋活动”为切入点，成立“小海学堂”，搭建服务小组，最后借助服务小组，开展社会服务。服务内容包括苗族歌舞传承、苗绣传承、蜡染的推广、苗族故事讲述与《小海新村村史》成册等。通过这些活动，文化振兴小组回应了居民的需求，形成文化传承组织，达到了文化传承的效果。本扶贫案例不仅有助于丰富村落文化生活、实现民族地区的文化传承和再造，也为民族地区的乡村振兴和社会建设项目提供了行之有效的服务方案。

第一节　小海新村：易地扶贫搬迁与山后村的新生

一、小海新村概貌

小海新村位于寻甸县塘子街道钟灵社区，是一个易地扶贫搬迁的纯苗族村。原山后村属地质灾害隐患点，为了改变村民的生存环境，当地政府通过易地扶贫搬迁“三年行动计划”，于 2016 年 3 月启动了山后村易地扶贫搬迁项目，将山后村搬迁到了小海新村。项目完工后，小海新村于 2017 年 10 月 10 日举行了新居落成入住仪式，共计搬迁安置 33 户 117 人，其中 22 户来自山后村，其余 11 户为小海村原有村民。

山后村坚持传统农业生产方式，依靠人力畜力耕作的传统种植业占绝大部分，抵御自然灾害能力十分有限，加之农业基础设施滞后、农业实用技术应用和推广率低、水利化程度低，因此生产条件较差，农作物产量偏低，生产力水平低下。从全村来看，地形以山地为主，有的路段陡峭或泥泞，导致生产成本高、生产效益低；养殖牲畜和家禽以猪和鸡为主，但均以传统方式养殖，且不成规模。同时，全村劳动力人口文化素质普遍偏低，加上受传统观念的影响较大，大部分村民缺乏市场经济意识和外出务工意识，对新型农业产业了解不足。该村还常有滑坡、干旱、洪涝、冰雹等不可预见的自然灾害，农户致贫返贫现象严重。

小海新村海拔为 2 140 米，年平均气温为 14.50℃，年降水量为 1 100 毫米。小海新村所处地块地势平坦，地质结构良好，适合种植烤烟、玉米、小麦等农作物，且交通较为便利。山后村迁入小海新村后，村民们在政府和有关部门的支持下完成了进村道路、村内道路和庭院场地的硬化工作，安装了太阳能路灯，实施了村内亮化工程，统一建盖了集中养殖区域，建造了村内垃圾房、公厕、村级活动室等配套设施。

山后村自2017年易地搬迁到小海新村以来，为巩固脱贫攻坚成效，确保小海新村搬迁群众留得住，团结街道各族群众，共同繁荣发展，塘子街道结合小海新村实际情况，充分挖掘特色优势，确保易地扶贫搬迁群众持续发展，确定了五条路线。一是着力打造苗族特色节日文化品牌。通过挖掘特色乡村旅游、特色农业产业、民族风情等资源，促进农旅深度融合，弘扬民族文化，打造节日品牌，发展乡村旅游，达到进一步助力脱贫攻坚、助农增收的目的。二是着力推进稻鱼共生项目。采取“党支部＋企业＋基地＋贫困户”的模式，通过稻鱼共生项目，进一步提高稻田综合效益，整合乡村生态旅游资源，打造一条乡村旅游精品路线，促进农户增收致富。三是大力发展香瓜种植。通过“党支部＋公司＋贫困户”的精准脱贫模式，采取党支部搭台引领、公司唱戏、贫困户参与致富的形式，助力香瓜产业发展，壮大村集体经济。四是大力推进苗鸡养殖。以“党支部＋合作社＋贫困户”的模式，通过入股分红，发展壮大苗鸡养殖，增加群众收入。五是充分发掘民族特色文化。挖掘苗族特色传统文化，不断丰富易地搬迁群众的精神文化生活。

1. 小海新村的优势

虽然苗族在寻甸县总人口中占比不高，但一直以来都是一个不容忽视的群体。搬入小海新村后，苗族人不仅发生了地理位置的迁移和改变，而且不断加入民族交往和民族对话中。除塘子街道在小海新村确定的五条巩固脱贫攻坚成果的路线外，在入户调研过程中我们发现，小海新村巩固脱贫攻坚可利用的资源还有很多。一是小海新村的“三留守”人员之间形成了照顾网络体系。对于每个家庭的“三留守”人员来说，他们形成了彼此照顾的外部网络。当某一家庭的老年人和妻子有活计需要帮助时，其他家庭中处于闲暇状态的老年人或者妻子会帮忙照顾他们的孩子。村中较大的孩子会带着较小的孩子一起玩耍，这在某种程度上可以看作大孩子的家庭帮忙照顾小孩子的家庭。从这一点来看，孩子们可以看作各个家庭之间的纽带，同样也可以作为调动村民积极参与活动的突破口。二是亲属关系网络共同体。小海新村共有七大姓氏，姓氏之间都有亲属关联。年轻男女来往比较密切，他们之间相互支持，有从小到大的共同回忆，这种回忆是感情的基础，也是感情发展的基础。网络虚拟社区的建立也为年轻人情感的发展提供了平台，共同的地缘关系、彼此之间的亲缘关系贴紧了他们的同质性标签，极为相似的话语体系为共同体的建立铸就了最坚实、最鲜活的脊梁。三是小海新村的生态环境良好，适合经济发展与生态保护相统一的项目。四是小海新村村民均为建档立卡户，可得到政府资助。五是作为易地扶贫搬迁示范村、少数民族示范村，小海新村每个月都会接待来自各地不同级别单位的参访团。这些参访团相对来说能够带来一定的资源。六是小海新村为苗族村，有独特的民族文化。作为传统的文化符号，苗族歌舞、芦笙、苗绣、蜡染、苗族故事等承载着苗家人的自豪和荣光。

2. 小海新村的劣势

文化振兴小组积极参与小海新村建设，经过入户调研与实地考察后，发现山后村在易地搬迁到小海新村后，存在一些亟待解决的问题。一是该村外出打工的人员很多，该村发展缺少青壮年劳动力。二是村民收入不稳定，收入随着季节交替变化。三是当地教育水平较低。村民整体文化水平低，没有大学生。村里儿童、青少年学习成绩较差，部分教师有体罚行为，素质有待提高。四是医疗设施有限。小海新村村民均属于建档立卡户，因此享受看病报销90%的政策，村附近有钟灵社区卫生所，但医疗水平与设施条件有限，只能医治小病如感冒发热等，大病需转至县级医院。同时，村级卫生所不可享受报销政策，须到县级及以上医疗机构就诊才符合报销条件。五是交通不便。村里通往外面的路虽进行了道路硬化，但道路坡度较陡，山路曲折，易发生事故。六是新搬迁村落满足不了村民需求。按照“一户一宅”政策，每户在新村分得一处住宅，但有村民家中存在人口较多导致新住宅不够住的问题。七是早婚早育现象较多。八是民族文化出现断裂，年轻人没有很好地传承民族文化。除小海新村日常所用苗语外，年轻人对于苗族文化知之甚少，苗族的古歌、苗族故事、苗族传统手艺蜡染等难以在年青一代得到传承，苗族文化面临文化传承断层。

二、“新村·新民”乡村振兴服务计划的目标与设计

在多次入户探访、实地调研之后，2019年7月，华东理工大学杜慧芳、何雪松一行在寻甸县委书记何健升等的陪同下参观了小海新村。何雪松教授介绍了拟落地小海新村开展的“新村·新民”乡村振兴服务计划。

1. 项目设计背景和对社区需求的把握

习近平总书记先后在湘西和云南考察并明确提出了精准扶贫的理念，之后中共中央办公厅、国务院办公厅在《关于创新机制扎实推进农村扶贫开发工作的意见》中，将建立精准扶贫工作机制作为六项扶贫机制创新之一。

国务院扶贫办随后制定了《建立精准扶贫工作机制实施方案》，在全国推行精准扶贫工作。易地扶贫搬迁作为精准扶贫的重大工程之一，着力解决生存条件恶劣地区扶贫对象的贫困问题。

晏阳初先生在开展平民教育运动时，把中国民众的问题定位为“愚”“穷”“弱”“私”四大患，主张通过先教识字，再实施生计、文艺、卫生和公民“四大教育”，培养知识力、生产力、强健力和团结力，以造就“新民”。这样一场综合性的教育运动取得了“攻愚”“治穷”“扶弱”“克私”的良好成效，并在全国多地进行推广实验。综合来看，这场运动的目的并非只解决单一的问题，而是将这些问题结合起来，采取一种综合性的策略共同应对。反观目前的扶贫措施却存在碎片化的倾向，这种碎片化不仅表现在制度衔接的缺失与行政联合的缺场上，而且在方法的运用与选择上未能很好地结合起来，存在目标过分单一的倾向。

针对这一现状与问题，社区为本的农村社会工作实务模式或许能带给我们更多的思考。研究发现，生态系统理论、优势视角、资产为本的社区发展等是农村社会工作的核心理论，与此相应的农村社会工作侧重通用（整合）社区为本的实务模式，具体的方法策略也经历了从个案、家庭和小组工作的专业方法到社区为本的整合社会工作实践的转变。这种农村社会工作实践模式能够回应国家乡村振兴战略中的专业个案救助和社区能力建设，而这种回应与目前小海新村所处的阶段（巩固脱贫成效与乡村振兴的衔接阶段）十分契合。

实施乡村振兴战略总体要求是：产业兴旺、生态宜居、乡风文明、治理有效、生活富裕。这一战略部署为小海新村的“新村·新民”乡村振兴服务计划提供了方向指引。具体来看，小海新村的乡村振兴服务计划有以下特点：

第一，产业兴旺、生态宜居、治理有效与新村建设相结合。产业兴旺方面，政府对小海新村巩固脱贫攻坚时实行的稻鱼共生、香瓜种植和苗鸡养殖等产业项目均运营良好。生态宜居方面，在扶贫搬迁政策的推动下，小海新村所做的道路硬化、垃圾集中处理、太阳能路灯安装等，使得生态宜居这一乡村振兴的标准也得以完善。治理有效方面，小海新村存在亲属联结的共同体与“三留守”人员之间形成的互助网络，加上村委会这一基层群众性自治组织的带领，实现自我管理存在可循途径。

第二，乡风文明、生活富裕与新民建设相结合。在生活富裕方面，扶贫主要的测量指标是经济收入，小海新村存在的产业项目可以作为村民稳定的收入来源。我们在调研中了解到，经扶贫搬迁后，小海新村村民的出行方式都发生了极大的变化，大部分家庭由驾牛马车的出行方式转变为乘汽车。在乡风文明方面，将民族史料编订成册是形成集体意识、加强社区团结的题中应有之义。在集体意识这一纽带的基础之上，乡村团结还有助于实现村民社会关系的紧密联结。

通过对以上背景的分析，文化振兴小组计划以乡村振兴中乡风建设为指引，以“新村·新民”乡村振兴服务计划中的新民建设为突破口，采用社区为本的整合社会工作方法，以小海新村村民中的儿童、青少年、妇女等为重点服务对象；同时，要做好苗族文化的保育、活化与传承工作。

2. 具体服务项目和目标

（1）“小海学堂”与儿童发展

目标：通过“小海学堂”搭建服务小组，通过小组活动、社区活动来提高儿童的综合能力，实现其学习方式和认知的转变，助力其自我发展。

具体活动："希望小海"小组活动；共享阅读小组；秋日交响曲社区活动；"梦向何方"社区活动。

（2）向文化保育延伸：苗族歌舞与刺绣

目标：提升村民的自我内在动力，激发儿童、青少年对本民族文化的认同感与自豪感；唤醒其学习和传承苗族歌舞、刺绣的积极性。

具体活动：国庆联欢社区活动；苗绣小组活动；"点亮你的美"社区活动。

（3）苗族蜡染的推广、活化、传承

目标：对苗族蜡染的现状进行调研，分析需求；链接、盘活资源，活化、传承苗族蜡染。

具体活动：个案服务；需求调查；资源链接。

（4）苗族故事、《小海新村村史》与民族团结

目标：通过向村民传播苗族历史，将村史编订成册，提升村民的民族认同感，增强村民之间的凝聚力，加强村落整体的团结。

具体活动：苗族故事小组活动；村史调研和村史成册；《小海新村村史》发布会。

3. 具体服务设计

文化振兴小组以乡村振兴总要求之一的乡风文明要求为指引，以小海新村村民为服务对象，重点以儿童、青少年和妇女为服务人群，运用社区为本的整合性方法实现文化传承的目标。具体来看，文化振兴小组采取小组工作方法，使青少年了解苗族历史、苗绣、苗族故事、苗族歌舞等文化知识；

通过晚会或者发布会等社区工作方法，让青少年展现自己学习到的苗族知识和技能，获得观众的反馈，形成文化认同，增强传承效果；对于抗拒或者弱接受的个体，以个案工作方法，探究其中的原因，补齐短板，加强整体传承效果。

为达到以上目标，文化振兴小组以“建立关系—成立小组—开展活动”为服务策略，秉承“计划—行动—反思—再计划”的实务研究思路，稳步实现既定目标。

首先，“入户＋活动”切入，与村民建立关系。文化振兴小组在顺利入驻小海新村后，开展了为期近一个月的入户访谈工作。访谈的目的既是了解村貌、聚焦需求的过程，也是与村民建立紧密关系的过程。在访谈完成后，文化振兴小组借助七夕这一苗族与汉族共同的节日，挖掘该节日对苗族的特殊性，开展了一场七夕节活动。这场活动让村民们进一步了解了文化振兴小组的工作，搭建起文化振兴小组和村民沟通的桥梁，完成了从建立关系到服务开展的过渡。

其次，成立“小海学堂”，搭建服务小组。服务小组的成立可以保证服务的整体性和深入性，是增能培力、提升村民内生动力的保证，可以打消文化振兴小组退出后村民对于服务延续性的疑虑。文化振兴小组以儿童和青少年群体为服务对象，成立了“小海学堂”课业辅导班和兴趣班，孵化出“学业互助小组”和“苗族文化传承小组”，其中“苗族文化传承小组”又分为“苗族故事传承小组”和“苗族历史文化知识传承小组”。

最后，借助服务小组开展服务活动。在前期入户调研、收集资料、查阅文献之后，文化振兴小组设计了苗族歌舞传承小组活动、苗家国庆社区活动、苗绣传承小组活动、苗族故事传承小组活动（下设村史成册工作小组，举办《小海新村村史》发布会等社区活动）。

文化振兴小组的总体服务思路是：前期，借助村庄“文化能人”的力量，带动参加“小海学堂”的儿童和青少年，在传承苗族舞蹈的同时，增进和服务对象的关系。后期，通过社区晚会，引导孩子登台表演，形成一种反馈机制，使服务群体增强对于民族文化和文化振兴小组工作的认同感，共同实现传承苗族文化的目标。之后，文化振兴小组成员作为引导者，动员小组中的“文化能人”，借助他们的力量，达到自我动员、自我服务的效果。

第二节　“小海学堂”与儿童发展

在小海新村的调研过程中，我们发现小海新村的情况可以概括为“三低两高”：村内总体受教育程度低、家长对于教育的重视程度低、村内人口流动性低，辍学率高、早婚早育率高。文化振兴小组成员重点挖掘可利用的资源，如小海新村周围学校的资源、村内可利用资源、可链接的外界资源等，在此基础上通过成立“小海学堂”，开展“希望小海”“共享阅读”小组工作，开展了“秋日交响曲”“梦向何方”小组社区活动。这些活动的开展有助于提高儿童的自我发展能力、综合能力，具体包括学习认知方式的转变、与汉族儿童的融合程度的提高、课外知识的拓展等。此外，我们尝试通过“小海学堂”孵化出“学业互助小组”“苗族文化传承小组”等，以“小海学堂”带动社区整体服务的发展。

一、儿童教育及其发展需求

小海新村作为已经实现精准脱贫的村落，尽管村民的生活水平有了明显提高，但小海新村的教育水平仍是当地干部、村民心中的痛。结束九年义务教育能够继续学习的孩子十不存一。十年树木，百年树人，当地干部、基层教师一直在为孩子们的教育努力着。

小海新村所属的钟灵街道仅有一所小学和一所幼儿园。钟灵花蕾幼儿园是一家私立幼儿园，运行尚可，但经济上并不宽裕。近两年，入园儿童数量有所减少；儿童健康状况良好，园内卫生条件还算理想；园内儿童在入园前大多没有接受过任何文化知识教育，绝大多数苗族孩子在入园前也不了解汉语，因此园内的课程内容主要围绕语言和基础算术展开。园内的时间安排比较松散，游戏与活动时间相对较多，没有安排太多知识性的课程，孩子们也没有在课外进行其他课程的学习，知识积累相对较少。对于苗族孩子而言，幼儿园中的集体生活与语言学习对他们日后的社交和环境融入有着重要的意义。钟灵小学只能满足一年级至四年级学生的上学需求，五年级、六年级的学生需要去更远的塘子街道的寄宿制小学上学。该小学能调用的经济资源相对充足。该小学的学生入学普遍较晚，年龄整体上偏大，所在家庭的条件基本上能满足孩子的生活，但缺乏家庭关怀，学习任务比较繁重。

在对小海新村儿童的教育状况和其周围教育资源情况有了基本的了解后，在入驻小海新村的第一年，文化振兴小组组织成立了“小海学堂”。由于小海新村内学龄儿童人数太少，因而文化振兴小组同时把邻村的孩子也一起组织起来参与到“小海学堂”之中。在这里，第一个板块是学业辅导，主要帮助学生解决暑假作业中的困难，同时组建了互助小组，通过同年级互助、高年级帮带的形式建立起儿童之间的支持网络。学堂建立的“一对一帮带”制度，是指一个高年级学生负责联系一个低年级学生，以此保障有人问、有人教。互助小组的运行有助于发挥孩子们的主体性，培育其团队责任感，激发其学习热情与向上精神。第二个板块是文化课程，主要是进行苗族文化的传承与学习，形成村民与儿童之间的支持网络。文化课程的开设有利于提高儿童的民族文化自豪感，培育其公共精神，增强其乡土认同感。第二年，文化振兴小组以参与“小海学堂”的儿童为服务对象，从促进儿童综合能力发展、促进不同民族儿童融合、开阔儿童的眼界等方面开展社区工作。

二、“希望小海”活动

1. 服务计划

(1) 服务目标

总目标：促进儿童综合能力发展，为当地未来发展储备新生力量。

直接目标：以音乐、美术、手工、戏剧、舞蹈等不同艺术形式为载体，给儿童多方面智能的启迪，提升其自我效能感，激发其主动学习的动力，引导其发现并思考身边事物。

间接目标：扶贫扶智，改善当地儿童相对贫困的状况。

(2) 实施计划

“希望小海”活动安排见表3-1。

表 3-1 “希望小海”活动安排

活动节次	活动目标	活动内容	其他
第一节：七彩绘童年	为后续活动的开展提供良好秩序，吸引成员的兴趣，增进彼此了解。让参与的孩子们（以下简称“组员”）初步接触美术，启发审美与创造力	（1）签到并分发礼品； （2）自我介绍与相互介绍； （3）鼓励组员自己制定小组契约； （4）“我的名片”游戏； （5）绘画课堂； （6）总结并布置作业，继续完善作品，下次展示	（1）出现语言障碍，组员不愿与我们交流。 解决方式：放慢语速，尽量亲切友好地接近他们。 （2）组员不服管教，小组纪律难保证。 解决方式：事先制定小组契约，每次活动前复习小组契约
第二节：卫生你我他	向组员传达卫生健康知识，引导他们对自身和家庭中的一些现象进行思考，培养内省智能	（1）回顾上次小组的内容并展示作业； （2）做击鼓传花小游戏，确定发言的对象； （3）讲解食品安全、健康教育、口腔卫生、卫生习惯、洗手的重要性，养成良好的生活习惯； （4）“病原体肖像”绘画； （5）总结并布置作业	组员数量不足，出勤率下降。 解决方式：入户走访过程中和家长确定好活动时间、地点和内容，同时根据组员的反馈改进我们的服务，并且设置签到礼品
第三节：《昭莠俭和高帕施》情景剧	通过传统文化的传递和渗透，影响组员的文化积极性和主体性意识，提高组员动手能力，增强组员协作意识	（1）回顾上次的主题授课内容； （2）请组员讨论与交流所知道的苗族文化； （3）观看一些苗族歌舞视频； （4）讲解苗族戏剧《昭莠俭和高帕施》的内容； （5）分配戏剧角色； （6）进行话剧排演	

续　表

活动节次	活动目标	活动内容	其他
第四节：科学知多少	启发组员思考现象与本质的关系，激发其学习动力，培养其科学想象力	（1）回顾上次的授课； （2）讨论：你认为科学是什么； （3）以实例讲述科学和实验的关系； （4）“大象牙膏”实验； （5）“七色彩虹”实验； （6）“白醋显性”实验； （7）邀请华东理工大学的学生直播大学实验情况	授课多媒体器材，另需实验套装；文化振兴小组成员要严密看管危险物品，对于年龄较小的孩子要“一对一”看管，同时预备常用药品
第五节：家中“剪”法	教会组员简单的剪纸方法，培养组员的美学思维和动手能力，激发他们的空间逻辑想象力	（1）回顾上节科学实验的内容； （2）展示雕刻、刺绣、绘画等不同艺术的特点； （3）引出剪纸艺术，讲解剪纸的知识； （4）利用视频，讲解剪纸的历史和表现形式； （5）讲解剪五角星和四折剪纸的方法； （6）制作剪纸作品； （7）展示作品并张贴，作为社区营造的一环	授课多媒体器材，另需剪刀、手工纸等；在制作剪纸作品时，对于年龄较小的孩子文化振兴小组成员要“一对一”看管，同时预备常用药品
第六节：会跳舞的杯子	培养组员的节拍感、乐感，提升他们的艺术感知力，锻炼他们的协作能力	（1）回顾并展示组员在家中制作的作品； （2）听音识曲，选取流行度广的歌曲； （3）讲解节拍这一基本音乐知识； （4）杯子舞视频观看，并教授该舞蹈； （5）组员练习并表演杯子舞	授课多媒体器材同上，另需准备若干纸杯

2. 服务实施

第一节：文化振兴小组成员在引导组员入座、自我介绍完毕后，将组员按年龄、年级分组，然后引导组员制定课堂纪律、图书借还制度等；通过“我的名片”游戏，调动组员的积极性；让组员用多彩笔设计自己的小名片，鼓励组员交换自己分到的多彩笔，促进组员相互熟悉和了解。

接下来是绘画课堂活动。在观看一段关于混色和丙烯颜料使用方法的小视频后，文化振兴小组成员取出准备好的一套80色的水彩笔和一整套丙烯颜料套装，让每个小组选择4～5种颜料进行绘画，主题有我的家乡、我的家庭、20年后的我、我最想去的地方等等。

我们注意到，大部分组员确实没有掌握绘画所需的知识和技巧。从幼儿园的儿童到六年级的学生，他们对于美术的整体认识和色彩观念还有所不足。令我们感到高兴的是，组员们都很喜欢这些活动并积极地参与其中。

第二节：文化振兴小组成员带领孩子们回顾了前期制定的课堂纪律，每个小组共同朗读其中的几条，加深他们对纪律条款的认同和记忆。接着，文化振兴小组成员让每个小组自行打扫桌椅和地面，并强调保持教室卫生的重要性。随后开始进行健康教育。先让各个小组成员讨论他们喜欢的食物是什么，引起他们的兴趣；接下来向他们提问，什么食物是不好的？吃了不好的食物有什么危害？简单讨论之后，播放有关食品安全的教育片。接下来用一个动画片普及口腔健康的重要性并教授组员“巴氏刷牙法”，目的是让他们注重口腔卫生。然后和组员探讨吃坏东西怎么办，用一个视频讲解腹泻的四种类型和相应的处置方式，丰富他们的卫生常识。最后一个内容是绘画课堂，我们从上面课程提到的疾病中，选取了部分病菌、病原体照片，作为绘画的素材，并讲解初级绘画知识，让组员发挥想象力自由作画。

在这节活动中，播放视频的内容是与手口卫生有关的。因为我们在前期调研中发现，这里的孩子多数有用脏手直接把东西塞进嘴里的习惯，所以本节活动将勤洗手作为课程的重点。活动中有些组员对自身不正确的行为有了一定的反思，但低年级的组员理解能力差，对于我们视频和课件上的内容需要花时间理解，遇到知识性内容的时候显得不感兴趣、搞小动作，文化振兴小组成员需要多提醒组员集中注意力。

第三节：文化振兴小组成员带领组员回顾上次的授课内容，了解组员对上节课的知识记得多少。接下来，请组员们交流所了解的苗族文化，例如歌舞、服装和故事等。下一步，请他们观看一些苗族歌舞视频，然后主持人讲解舞台剧的知识，接着结合幻灯片，讲解苗族文字的独特之处，共同了解苗族戏剧《昭蒡俭和高帕施》的角色和剧情等内容。之后，组员们分饰不同角色，利用纸板和颜料制作道具，最后根据前期选定的角色，进行话剧排演。

从组员们在活动中的表现来看，苗族传统文化的断代现象还是存在的，组员基本上没有听过《昭蒡俭和高帕施》这个故事，同时对苗族文字也不了解，所以他们对本次课的内容还是非常感兴趣的。在戏剧表演方面，我们也不具备专业知识，在编排和演示的时候出现了一些混乱，因此活动前要做好充足的准备。

第四节：首先，主持人通过简单地为组员讲解与科学相关的知识，如科学是什么，著名科学家有哪些人。然后循序渐进，解释科学实验的重要性。接下来，文化振兴小组成员在讲台上做演示实验。第一个实验是“大象牙膏”，这是一个利用过氧化氢化合反应产生液体膨化效果的小实验，组员感到很惊奇，文化振兴小组成员为他们讲解其中的基本原理。第二个实验是“七色彩虹”，这个实验是利用液体密度不同使混合液体自动分层的小实验，将不同密度、不同颜色的液体倒入试管中，会产生不同颜色分层的现象。第三个实验是“白醋显性”，通过上火烤白醋纸让白醋呈显性。每个实验都先由主持人演示，并讲解其中的原理，再让组员亲手做，用这种方式让组员对科学产生兴趣，爱上学科学。实验过后，我们请大学生志愿者给组员们展示了大学实验室的样子，既满足了组员的好奇心，又激发了他们自主学习的欲望。科学是个比较抽象的概念，对于理性思维尚未成熟的儿童来说，理解起来还是比较困难的。对前半部分的知识讲解，组员们没什么兴趣，这提醒我们在设置内容时要注意组员的认知水平和兴趣点。

第五节：文化振兴小组成员首先为组员展示了木雕、苗绣、蜡染和传统绘画等不同形式的艺术作品，与组员讨论这些东西在内容与形式上各有什么不同，继而引出剪纸艺术这个授课主题。其次，文化振兴小组成员大致讲解剪纸的历史、文化地位和苗族剪纸文化，然后用一个短视频为组员讲解剪纸的历史文化、表现形式和地区特色等内容。接下来，文化振兴小组成员和组员讨论身边的剪纸的样式，激发他们对身边事物的兴趣，随后通过剪纸作品视频来进一步引起他们的兴趣，并展示我们做好的剪纸作品。最后，文化振兴小组成员示范剪五角星和四折剪纸的方法，组员们在文化振兴小组成员的指导下使用剪刀等进行剪纸创作。活动结束时，组员们发挥想象力，制作了很多新奇的作品。我们将较好的作品展示后张贴在活动室墙上，作为活动空间营造的元素留下来。

第六节：首先，展示组员在家中制作的作品。其次，听音识曲小游戏，选取流行度广的歌曲，请组员猜。通过鼓点来讲解“节拍”这一基本音乐知识，并请他们亲手打鼓。再次，观看杯子舞视频，由文化振兴小组成员合作教授杯子舞。最后，组员练习并表演杯子舞。

3. 总结与反思

在“希望小海”活动开展过程中，文化振兴小组成员可通过组员的行为模式、课堂表现、交往方式等推断服务效果。总体来看，每次活动都会观察到组员有所变化。具体表现在：其一，组员的积极性提升，他们由开始时的比较拘谨，转变为后来大大方方地参加活动；其二，组员的规则意识逐渐增强，特别是儿童，从最初在课堂上随意表现、随便玩，到可以听从组织者的安排，懂得了基本的礼仪，说脏话的现象也少了很多；其三，组员由起初面对提问时的不知所措，到最后学会了思考并给出自己的答案；其四，随着关系逐渐加深，组员们能够积极主动地和我们交流，说一些和家长不能说的事情，也会跟文化振兴小组成员讲讲家庭和学校生活中的情况，这为接下来其他活动的开展打下了基础。

在活动取得成效的同时，我们还要反思服务本身存在的一些问题。一是活动的持续性不够。每一节内容都可作为一项独立的活动，在激发儿童各类兴趣的同时，也会让他们处于每个课外知识都知道一些却无法深入了解的境地。二是组员年龄分布广，授课内容难以兼顾每个组员的需求。三是小海新村的儿童、青少年在家里大多会用苗语交流，活动中出现语言障碍时，就不愿与文化振兴小组成员交流。

三、共享阅读与儿童规则意识的巩固

1. 服务计划

(1) 服务目标

短期目标：在小组内部形成共享阅读机制，通过对组员赋权，提升他们的认知、学习和发展能力。

中期目标：图书阅读共享机制能够在本小组正式活动结束后延续，进一步巩固组员的规则意识，使他们能够开展自主阅读，主动扩大自己的知识面。

长期目标：组员凭借从小组活动中获得的认知，改变学习方式，影响未来发展。

(2) 服务计划

“共享阅读”活动安排见表 3－2。

表 3－2 “共享阅读”活动安排

活动节次	活动目的	活动内容	其他
第一节：童话与寓言	建立小组契约与共享阅读规则；增加组员对童话与寓言故事的了解，提升组员的阅读能力	(1) 文化振兴小组成员进行自我介绍； (2) 组员进行自我介绍；讨论与订立小组契约； (3) 播放“苗族创世神话”视频进行课程引入； (4) 发放相关图书、进行任务式阅读； (5) 小组比赛与计分提问环节； (6) 总结分享，布置小组作业	以“童话与寓言”为主题的图书×16； 铅笔盒×7； 贴纸×4

续　表

活动节次	活动目的	活动内容	其他
第二节：动植物与生物圈	拓展组员对大自然的了解，对共享阅读机制进行深化；提升组员的阅读能力	（1）回顾上一节活动； （2）课程导入； （3）小组发放有关动植物的图书，进行自由阅读； （4）进行小组比赛与计分提问环节； （5）文化振兴小组成员进行总结分享，布置小组作业	以“动植物与生物圈”为主题的图书×16； 钢笔×7； 贴纸×4
第三节：宇宙与世界	进一步拓展组员的课外知识，对共享阅读机制进行深化；提升组员的阅读能力	（1）回顾上一节活动； （2）课程导入； （3）引导组员以问题为导向进行阅读； （4）分发相关科普类图书，由组员进行阅读； （5）进行小组比赛与计分提问环节； （6）文化振兴小组成员进行总结分享，布置小组作业	以“宇宙与世界”为主题的图书×16； 写字本×7； 铅笔盒×4
第四节：情绪管理	帮助组员学习情绪控制；进一步深化共享阅读机制，提升组员的阅读能力	（1）回顾上一节活动内容； （2）以游戏方式进行课程导入； （3）引导组员以问题为导向进行阅读； （4）发放与情绪相关的心理类儿童读物，进行任务式阅读； （5）进行小组比赛与计分提问环节； （6）文化振兴小组成员进行总结分享，布置小组作业	以“情绪管理”为主题的图书×16； 文具套装×7； 贴纸×4
第五节：中国历史	提高组员对历史的了解，强化共享阅读机制，提升组员的阅读能力	（1）回顾上一节活动内容； （2）课程导入； （3）引导组员以问题为导向进行阅读；	以“中国历史”为主题的图书×16； 钢笔×7； 写字本×4

续 表

活动节次	活动目的	活动内容	其他
		（4）发放有关儿童读物，组员进行任务式阅读； （5）进行小组比赛与计分提问环节； （6）文化振兴小组成员进行总结分享，布置小组作业	
第六节：中国地理	拓展组员地理知识，增加其对祖国山河的了解，促进其对远方的思考；巩固共享阅读机制，提升组员的阅读能力；进行离别情绪的处理	（1）回顾上节内容； （2）视频课程导入； （3）发放有关读物，组员进行自由阅读； （4）文化振兴小组成员进行总结分享，发放活动礼物，与组员告别	以“中国地理”为主题的图书×16； 文具套装×28

2. 服务实施

第一节，文化振兴小组成员先进行自我介绍，然后请组员进行自我介绍。接下来，组员进行充分讨论，订立小组契约，契约制订过程中要重点讲解共享阅读活动中“共享”的含义。随后，依据所坐位置将组员分为四组，播放“苗族创世神话”视频引入活动的内容。视频结束后，文化振兴小组成员讲解神话和寓言之间的区别，使组员能够清楚地对两者进行分辨，并请组员分享自己知晓的神话和寓言故事。接下来，发放与神话和寓言相关的读物，进行任务式阅读。阅读完成后，进入小组比赛与计分提问环节，鼓励组员进行阅读分享。最后，由文化振兴小组成员进行活动总结，并为提问环节获胜小组和回答问题成员发放礼品，然后布置小组作业。

第二节，先由文化振兴小组成员带领组员对上次活动的阅读主题进行分享和回顾。文化振兴小组成员对本次阅读所涉及的知识进行讲解，如按照史前动物、海洋动物、陆生动物、昆虫与植物的分类对动植物进行一些基础知识的讲解，并引出食物链与生物圈的概念，然后通过游戏引导组员了解食物链。接下来，按照此前讲述的分类为不同小组发放有关动植物的读物，让他们自由阅读。阅读结束后，以比赛的形式进行小组计分提问，鼓励组员进行阅读分享。最后，文化振兴小组成员对此次活动进行总结，为获胜小组和回答问题的组员发放礼品，布置小组作业。

第三节，文化振兴小组成员和组员一起对上节阅读内容进行回顾。通过视频展示与幻灯片讲解相结合的形式，从无穷大的宇宙与无穷小的微观世界两个角度为组员介绍科学常识。文化振兴小组成员接下来提出事先为每组设置好的问题，引导他们以问题为导向进行阅读，分发有关宇宙、人体、电流等方面的科普图书，让组员阅读。阅读结束后，进行小组比赛与计分提问环节，鼓励组员回答之前设置好的问题并进行阅读分享。最后，文化振兴小组成员进行活动总结，为获胜小组和回答问题的组员发放礼品，布置小组作业。

第四节，文化振兴小组成员和组员一起对上节阅读内容进行回顾，通过趣味算术鼓励组员将所读图书内容进行分享。然后，以理性情绪 ABC 理论为基础，结合吉他音乐，向组员介绍情绪的产生、作用与控制方式。讲解结束后，文化振兴小组成员提出事先为每组设置好的问题，引导他们以问题为导向进行阅读，发放抗逆力、自信、社交、情绪等不同主题的心理类儿童读物，让组员进行任务式阅读。阅读结束后，进行小组比赛与计分提问环节，鼓励组员进行阅读分享。最后文化振兴小组成员对此次活动进行总结，为获胜小组和回答问题的组员发放礼品，布置小组作业。

第五节，文化振兴小组成员和组员一起对上节阅读内容进行回顾。随后，社会工作者结合趣味视频、图片与幻灯片讲解，引导儿童了解中国历史的不同朝代，并初步了解中华文明。接着，文化振兴小组成员向组员说明阅读时需要注意的问题，引导他们以问题为导向进行阅读，然后发放不同时代、不同主题的历史类儿童读物，让组员进行任务式阅读。阅读结束后，进行小组比赛与计分提问环节，鼓励组员进行阅读分享。最后，文化振兴小组成员进行活动总结，为获胜小组和回答问题的组员发放礼品，布置小组作业。

第六节，文化振兴小组成员和组员一起对上节阅读内容进行回顾。之后，通过视频与中国地图讲解引导组员对中国地理形成感性认识，由不同地区的差异、生活方式的差异引出“热爱家乡，但放眼远方”的主题。然后文化振兴小组发放地理类儿童图书，让组员自由阅读。最后，文化振兴小组成员进行活动总结，并为所有组员分发纪念礼物，向组员告别，鼓励大家继续参与共享阅读活动。

3. 总结与反思

鉴于组员的理解能力相对有限，小组活动采用观察法和课上提问的方式进行评估。组员能够进行交流分享的比例由开始时的60%上升到最后一节活动的100%；每次活动时能够理解活动内容并能进行简单的复述的组员均超过参加活动人数的75%。从评估结果和组员的改变来看，本次活动对于提升他们的阅读分享与交流的能力起到了一定作用。

此次活动中，每节活动都设置了提问、阅读、分享环节，同时在活动结束时为每一个组员都发放了礼品。此次活动一步步地拓展组员的课外知识，促使他们认同共享阅读机制，形成规则意识。从长远效果来看，可以培养孩子们阅读分享、自我表达等方面的能力，促进孩子们的长远发展。

四、秋日交响曲与儿童协作能力的培养

1. 服务计划

(1) 活动目标

一是过程目标。围绕节气知识加强儿童对季节的感受和对大自然的科学认知，丰富幼儿园的文化活动。在尊重儿童的创造力的同时，帮助其树立规则意识，培养协作与竞争能力，营造良好的幼儿园氛围，促进不同民族儿童之间的互动交往，增强少数民族儿童的集体参与感、认同感和融入感。

二是任务目标。在本次活动中，对少数民族儿童、汉族儿童的全程参与率要求分别为80%以上和90%以上。坚持需求导向，丰富拓展幼儿园的文化活动，预计为幼儿园提供4种以上新的活动形式。鼓励每个孩子发挥想象力，完成手工任务，并尽量保证作品的原创性而非机械地模仿。

(2) 活动计划

一是准备期计划。准备的物资包括拼贴画册20份、手工折纸2份、剪刀10把、胶棒10支、蓝牙音箱1个、粉笔1盒。文化振兴小组主动与幼儿园取得联系并获得入场许可，之后进行宣传与招募工作。该活动得到了幼儿园的大力支持。

二是实施期计划。“秋日交响曲”活动安排见表3-3。

表 3－3 “秋日交响曲”活动安排

<table>
<tr><th>活动环节</th><th>活动目标</th><th>活动内容</th><th>其他</th></tr>
<tr><td>室内活动</td><td>激发儿童的想象力和创造力，培养动手能力、举一反三能力；鼓励儿童融入集体</td><td>（1）文化振兴小组成员开展季节、节气知识科普；
（2）文化振兴小组成员与儿童一起到户外收集落叶；
（3）儿童以小组为单位，自行制作落叶拼贴画；
（4）文化振兴小组成员进行剪纸教学；
（5）儿童在文化振兴小组成员的协助下完成自己的剪纸作品</td><td rowspan="2">预计困难：
（1）活动现场秩序混乱；
（2）服务没有可持续性；
（3）儿童年龄较小，表达能力、理解能力有限，服务效果难以评估

对策：
（1）邀请幼儿园教师协助维持秩序；
（2）在对儿童进行教学的同时，也关注幼儿园教师对活动的掌握情况，确保在文化振兴小组撤离后活动得以延续；
（3）除了对目标完成情况进行评估外，主要使用观察法（针对儿童）、访谈法（针对幼儿园教师）进行评估</td></tr>
<tr><td>户外活动</td><td>增强儿童的规则意识、竞争与协作意识；营造幼儿园的友好氛围，促进不同民族儿童的互动交往</td><td>（1）文化振兴小组成员进行动作分解教学；
（2）儿童在文化振兴小组成员的指导下掌握健身操；
（3）挑选表现突出的幼儿作为“领操员”，在幼儿园形成常态化的课间操制度；
（4）户外游戏</td></tr>
</table>

2. 服务实施

第一环节："银杏故事"落叶拼贴画。首先由文化振兴小组成员科普季节和节气知识。然后，文化振兴小组成员与儿童一起到户外收集落叶。接着，儿童以小组为单位，自行制作落叶拼贴画，文化振兴小组成员鼓励、协助儿童发挥创造力。文化振兴小组成员通过这样的活动提高儿童对季节的认知水平，并引导儿童接近大自然、感受大自然；激发儿童的想象力和创造力，培养其动手能力。此次活动以小组协作形式进行，鼓励儿童融入集体。

第二环节："雪花片片"剪纸教学。首先，文化振兴小组成员带领儿童学习剪纸，讲解基本的对称概念和剪纸技巧，并用最简单的对称方法剪出雪花。接下来，儿童在文化振兴小组成员的协助下完成自己的剪纸作品。该活动是通过折纸、剪纸训练儿童对图形的感知能力和对称思维能力，培养儿童的举一反三能力、动手能力，肯定儿童的想象力和创造力。此次活动以小组协作形式进行，鼓励儿童融入集体。

第三环节：Rabbit 健身操。文化振兴小组成员进行动作分解教学，教儿童做 Rabbit 健身操。本环节是为了提高儿童的身体协调能力，增强他们的身体素质，同时丰富其户外活动。

第四环节：户外游戏。文化振兴小组成员和活动协助人员带领儿童依次进行"小动物找家""外婆桥""松鼠大树""跳房子""网小鱼"等户外游戏，在游戏中强化儿童的规则意识。本活动采用分组比赛的形式，目的是培养儿童的竞争与协作意识，营造良好的幼儿园氛围，促进不同民族儿童的互动交往，训练儿童的反应速度与肢体协调能力。

3. 总结与反思

本次社区服务的目标基本实现。本次社区服务效果的评估以观察和访谈为主要方法，文化振兴小组成员在主持活动的同时，也留心观察了儿童的表现和变化。在室内活动环节，儿童从刚开始时遇到困难就想放弃或请求帮助，到学会主动思考并协助同组伙伴完成任务，文化振兴小组成员看到了儿童的动手能力、创造能力和合作意识的增强。在户外活动过程中，儿童从难以理解游戏规则、无法完成固定动作，到熟练、协调地分组进行游戏，并和谐友好地评定输赢，表现出了身体协调能力与规则意识的增强。

在服务开展过程中，文化振兴小组成员在与儿童互动的同时也特别注重与幼儿园教师的交流，希望教师能够在服务组撤离后将部分活动常态化。一次服务的效果是短暂且有限的，要让儿童形成良好习惯还需要持续地输入与熏陶。在本次服务之后，幼儿园对日程安排进行了调整，增加了课间操与手工课的固定时间，幼儿园的文化活动得以丰富和拓展，幼儿园教师掌握了新的活动形式，不同民族儿童之间的联系更加紧密。

五、梦向何方与儿童自我效能感的提升

梦向何方是一次大型社区活动，包括三个层次的目标。第一层是直接目标，通过活动帮助儿童开阔眼界，增加学习兴趣，改变不良认知，增强自我效能感，激发自我能动性，平衡心理结构。第二层是间接目标，提升他们学习的积极性。第三层是终极目标，为教育扶贫和文化扶贫埋下发展的种子。

本次活动的开展有一个良好的基础。此前，文化振兴小组已经在小海新村及周边村落的儿童中开展并完成了“希望小海”“共享阅读”小组工作，完成了“秋日交响曲”小组社区活动。因此，我们在此次活动开展过程中具有了更多优势。第一，我们与孩子们建立了熟悉友好的关系，孩子们也很信任我们。孩子们喜欢我们上课，愿意和我们聊天，活动可以进一步开展下去。第二，经过前期的活动，我们对孩子们的心理状况、学习能力、认知水平、交往模式等情况有了一定了解，为更好地设计活动内容打下了基础。第

三，我们建立了良好的教学秩序，孩子们熟悉我们的授课风格，便于开展社区活动。

本次活动分为准备期与实施期，准备期包括招募和宣传两项工作。文化振兴小组前期主要准备活动所需的礼品、书籍，招募参与活动的成员，本次活动的服务对象共 35 人，其中 28 人为四年级学生，其余 7 人为三年级学生，他们在休息时间主动参加了我们的活动。文化振兴小组经过多次讨论，确定了活动方案，包括邀请各知名大学的学生录制寄语视频、制作活动所需幻灯片等。在活动实施过程中，文化振兴小组首先带领小朋友做“暖场游戏”，接下来请小朋友分享去过的地方和最想去的地方，展示部分国内城市的地标性建筑，让小朋友猜。然后，文化振兴小组邀请小朋友观看寄语视频，请北京大学、南洋理工大学、伦敦帝国理工学院等知名院校的学生传授经验、分享经历等，与小朋友讨论他们未来的打算，想象 5 年后、10 年后、20 年后的自己会是什么样子。最后，文化振兴小组请小朋友撰写“给未来自己的一封信”，活动结束。

这次活动作为 2020 年最后一项针对儿童的大型活动，除开阔儿童的眼界，增强其对学习的兴趣外，也为这一年针对儿童的活动画上了句号。活动本身还存在一些需要完善的地方：第一，总体来看，小朋友对活动内容还是比较感兴趣的，但也有小朋友表示趣味性可以再强一些，内容可以再丰富一些，希望我们多讲些大学生活中比较有趣的事物，也有小朋友表示每次举手主持人都没有注意到，希望多提供些交流的机会；第二，活动中主持人要多注意表情管理，注意控制活动的节奏和参与者的兴趣；第三，活动最后部分有待升华。

当然，我们无法得知孩子们未来的情况，也不知道这些孩子最终会去向何方。所以，从某种程度上来说，我们这次活动或许是无效的。但开展一系列活动之后，我们也给孩子们种下了一颗成长的种子，等待其生根发芽。

第三节　向文化保育延伸：苗族歌舞与刺绣

一、苗族歌舞与刺绣的保育需求

小海新村作为纯苗族村，近年来逐渐出现文化认同危机。如有些村民认为自己的村庄和文化是落后的，这就导致村庄的文化逐渐被现代化生活吞噬，甚至出现了文化传承的断层。有不少青少年和儿童对传统文化甚至一无所知。小海新村中老一辈人认为文化应该传承，他们害怕多年以后没有人传承那些流传下来的手艺了。同时，文化是社区发展的基石，是社区团结的力量源泉，承载着整个社区的有机生命，维系着社区内部人与人之间的交往和互动。有村民担心，按目前的发展趋势，最后的结果恐怕就是他们的文化慢慢消失，整个社区被瓦解。因此，文化振兴小组设计了以文化为主线的服务。

文化振兴小组通过走访调研发现，许多村民都身怀才艺，唱歌、跳舞、苗绣样样都会，这也为苗族文化的传承和发展提供了契机。文化振兴小组在入驻小海新村的第一年，通过举办国庆联欢活动，将苗族文化重新带到了大众的眼前，同时也与居民加强了联系。之后，文化振兴小组分别筹备了苗绣小组、故事小组、歌舞小组，这三个小组也代表了苗族独特的民族文化。文化振兴小组通过成立有关小组发挥村民的主体性作用，并且在之后文化传承的活动中可以以小组为依托举办各种活动，调动村民的人力物力。同时，在我们离开小海新村后，小组可以持续发挥作用，带动整个村庄更好地发展。

之后，文化振兴小组在“小海学堂”的基础之上，开展了“苗绣小组”的活动。该活动以村内儿童和青少年为服务对象，邀请村内擅长苗绣的妇女与老人进行苗绣知识与技能的教学，不仅让村民寻回自身的价值与能力，更能激发儿童和青少年对于本民族文化的认同感与自豪感，产生对于学习苗绣的兴趣与传承苗绣文化的积极性。此后，文化振兴小组通过“点亮你的美”社区活动，以村内苗族妇女为服务对象，通过摄影活动，增强其内在动力；同时，让其身着民族服饰拍照，也是对民族文化的一种记录。

二、国庆联欢与苗族、汉族的互动

1. 服务计划

(1) 服务目标

总目标：通过举办国庆联欢活动，增加村民之间的互动与交流，促进苗族文化的传承，在苗族与汉族的互动中充分体现中华民族一家亲。

具体目标：欢度国庆，以民族歌曲和舞蹈的方式一起祝福我们伟大的祖国。充分发挥村民的主体性作用，促进村民间的融合，增强村民对社区的归属感，促进苗族文化的传承与传播，加强民族团结。

（2）实施计划

国庆联欢活动安排见表 3－4。

表 3－4　国庆联欢活动安排

时间	地点	内容
9 月 23 日—9 月 25 日	小海新村	（1）制作宣传海报和邀请函并在社区张贴； （2）进行宣传与招募，吸引村民的关注，招募对此活动感兴趣的村民
9 月 25 日	村民家中	收集苗族传说，将其改编为剧本
9 月 25 日—9 月 27 日	村民家中、小海新村	（1）招募村民，确定表演节目的村民名单； （2）购买所需物品
9 月 28 日	小海新村	确定表演的节目单
9 月 29 日—9 月 30 日	村民家中	制作邀请函、分发邀请函，通知村民活动时间与地点
10 月 1 日—10 月 4 日	小海新村活动室	排练节目
10 月 5 日	小海新村广场	活动现场布置，准备活动设备

2. 服务实施

10 月 5 日，文化振兴小组成员提前到活动现场进行布置，确定演员已经就位、音箱等活动设备可以正常使用。观众入场时，文化振兴小组成员为他们分发小红旗。等观众全部入场后，活动开始。首先，主持人进行自我介绍，并介绍本次晚会的主题。之后，活动以苗族传统舞蹈“团结舞”开场，依次表演苗汉双语版歌曲《我和我的祖国》、舞蹈《点赞新时代》、话剧《野猫和母鸡》、“小海学堂”儿童表演舞蹈《青春修炼手册》、舞蹈表演《大地飞歌》、合唱《走向复兴》。在主持人宣布活动结束后，文化振兴小组成员询问观众和演员的感受，填写满意度调查问卷。

3. 总结与反思

总体来看，此次活动达到了社区服务的目标。节目演员除文化振兴小组成员外都是苗族村民，所有节目都是村民自编自导自演的。演员们排练与表演的过程是互动和交流的过程，表演节目是为了服务社区，在服务社区的同时增强对社区的归属感。将苗族的故事改编为话剧，能够让更多的人知道苗族的故事，让更多孩子能够传承苗族的文化。苗汉双语版《我和我的祖国》节目使用了苗语主持人和汉语主持人共同主持的形式，促进了不同民族间的交流互动，也加强了文化振兴小组和村民的联系。

总的来说，本次活动还是比较成功的，在之后的服务中村民也表达出对本次活动的赞赏，并且村民之间的交流也增加了。

三、苗绣小组和苗族文化学习

1. 服务计划

(1) 服务目标

激发组员对于本民族文化的认同感与自豪感，并产生学习苗绣的兴趣。

(2) 实施计划

“苗绣小组”活动安排见表3-5。

表 3－5 “苗绣小组”活动安排

活动节次	活动目的	活动内容
第一节	了解苗绣的起源、图案含义、制作工艺	（1）破冰游戏； （2）介绍活动内容，订立小组契约； （3）村民讲解与苗绣相关的内容； （4）观看苗绣视频； （5）总结分享
第二节	设计苗绣作品	（1）上节内容回顾； （2）热身游戏； （3）苗绣作品展示； （4）组员创作； （5）总结分享
第三节	学习苗绣的基本针法及技巧	（1）上节内容回顾； （2）热身游戏； （3）苗绣基础针法讲解； （4）组员联系； （5）总结分享
第四节	独立进行苗绣小花的制作，巩固小组成果	（1）上节内容回顾； （2）热身游戏； （3）苗绣小花制作； （4）组员作品展示，分享感受； （5）总结分享

2. 服务实施

第一节，首先通过破冰游戏——“3 元 5 角”，让组员们相互认识。文化振兴小组成员介绍小组目的和内容，并与组员一起订立小组规则。随后，邀请精通苗绣的村民为组员介绍苗绣的历史起源、图案含义以及苗绣四大工艺等，并用织布机展示麻线与布匹的制作工艺。讲解结束后，文化振兴小组成员播放苗绣制作的视频。最后，文化振兴小组成员对此次小组活动进行总结，与会人员分享感受。

第二节，首先与会人员回顾上一节的内容，又进行热身游戏“捉毛毛虫”。暖场之后，由村民展示之前制作完成的苗绣作品，并讲解图案含义和特征。随后，根据讲解内容，组员通过绘画进行苗绣衣服设计并分享创作理念。最后，文化振兴小组成员对此次小组活动进行总结，组员分享感受。

第三节，在回顾上一节内容的基础上，大家进行热身游戏“你画我猜”，猜出成语数量最多的小组获胜。随后，邀请村民讲解苗绣的基本针法和手法技巧，请组员进行练习。最后文化振兴小组成员对此次小组活动进行总结，组员分享感受。

第四节，组员回顾上一节的内容，又进行热身游戏“大风吹”，文化振兴小组成员邀请村民带领组员进行苗绣小花的制作。组员进行作品展示，并分享心得与感受。之后，组员们对之前的活动进行回顾，最后邀请组员分享对于苗绣的收获及感想。

3. 总结与反思

总体来看，每节活动的设计都存在递进关系，组员们可以循序渐进地学习苗绣。通过此次活动，组员们都学会了苗绣的基本针法，对于本民族文化的认同感与自豪感得到激发，对学习苗绣产生了兴趣。组员和邀请来的村民对此次活动的满意率为90%。第四节活动，我们原计划让孩子们各自绣一个小包，但鉴于孩子们学习刺绣并不容易，后来临时更换了方案。所以在设计小组活动时，我们要考虑到实际情况，考虑到组员的实际能力。

四、“点亮你的美”与自信力的提升

“点亮你的美”是一种创新的社区服务方式，它通过各种游戏来增加服务对象的自尊和自信。本次活动的主要目标是通过化妆拍照的形式，使服务对象认识到自己美的一面，减少服务对象对自己的能力做降级描述的频次，最终提升服务对象的生活满意度。

活动分为准备期与实施期两个阶段。准备期的主要工作是寻找潜在的服务对象。我们通过前期走访，与村民闲聊，在进一步了解服务对象的家庭情况、家庭关系的同时，了解其对自己外貌和个人品质的评价情况；在尊重服务对象意愿的前提下，邀请其来参加活动。

在实施期，通过化妆、摄影以及闲聊当中的心理暗示与赞美，帮助服务对象改变对于自身形象的认知，悦纳自己，从而进一步提升她们的生活满意度，尝试降低她们在生活中的负面情绪。化妆结束，进行拍照，然后将打印好的照片、礼品和赞美信赠送给服务对象。在本次服务中，我们在为服务对象赋权的同时，也帮助她们进行团体内部的相互赋权和自我赋权，在原有村内社会网络的基础上，增强村内青年妇女的凝聚力和参与社区活动与工作的意识，为未来村内妇女组织的建立奠定基础。

第四节　苗族蜡染的推广、活化、传承

苗族蜡染是苗族特有的民族文化，因其工序烦琐，加上现代化各种新染织工艺的冲击，在小海新村，从事苗族蜡染的村民仅剩一家。本次个案工作以苗族蜡染推广为主题，文化振兴小组利用自媒体、村庄资源和其他可链接资源等对蜡染进行推广，拓宽其蜡染商品的售卖渠道，通过申请苗族蜡染非物质文化遗产保护该工艺。在多方协同努力下，苗族蜡染得以推广，文化传

承得以落实。

一、蜡染传承和推广面临的困难

文化振兴小组从服务对象那里了解到，苗族蜡染的主要流程为：首先是点蜡，需要用购买的白蜡和自养蜜蜂产的蜂蜡混合融化，再拿专用的画笔、点蜡笔在布匹上勾图案，此步骤非常精细、耗时，制作时需要人格外专注；其次是封蜡，封蜡和点蜡的技法相近，目的是创造留白，为更大的图案留出空间，这一步骤相对简单；再次是染洗，将绘制好的布匹浸入染料中浸泡 40 分钟以上，时间越久，着色效果越好；最后是脱蜡，将染好的布匹放入沸水中煮至蜡层脱落。至此，蜡染完成，蜡染后的布匹可以加工为成装。

在同服务对象的访谈中，我们进一步了解到他们在蜡染传承推广中遇到了以下困难：

第一，蜡染染色单一。蜡染是低温洗染，对染料要求较高，苗家传统染料是核桃皮与叶、山上花草的根茎，现在大多使用工业成品染料，只有深蓝、黄色比较常用。服务对象也试图寻找替代品，但是购买的染料效果不好，所以染色较为单一。

第二，手工蜡染竞争力不足，蜡染图案样式较少。服务对象没有美术功底，基本靠自学，因此有很多蜡染图案不会画。与工厂制品、专业工作室的作品相比，手工蜡染款式少，难以满足非苗族顾客的需求。

第三，蜡染设施缺乏。蜡染需要染缸，一些工艺需要煮洗，生火烧水、淘洗布匹，但是家里没有专用的煮洗场所，所以每次到这些环节都格外麻烦。

第四，时间、人手不足。蜡染工艺复杂，在制作一件蜡染制品如围巾、半裙等时，老款图案花样较复杂，一件成品需要半个月才能完成，简单花样仅需一天即可完成。同时，服务对象也提到在订单较多时自己忙不过来，会请亲朋好友过来帮忙。

第五，成本难以把握，获得利润较低。如一条围巾需要 2 米布，成本为 50 元，外加染料费、水电柴费和一天的劳务费等，180 元的售价看似很高，其实赚得很少。相比于蜡染，捡菌子所带来的收益更高。

第六，销售渠道少，且订单不稳定。服务对象属于个体经营，自产自销，效率低，手工蜡染制品主要是通过某短视频平台出售，订单来源不稳定。目前绝大多数订单来自农村，且大多来自周边地区或云南省、贵州省的苗族群体，销路并没有完全打开。如果请工人批量生产成品，就会因为销路少，订单跟不上，容易出现成品堆积、工人劳务工资承担不起等问题。

第七，宣传渠道单一。服务对象在某短视频平台上宣传，但其视频和照片质量较差。服务对象也打算请专业摄影师来拍摄蜡染手工作品，但由于专业摄影师报价太高，服务对象难以负担，就搁置了。

二、宣传、保护、活化和传承

文化振兴小组了解到苗族蜡染推广中面临的困难之后，通过与服务对象交流、与指导教师讨论，找到了可靠、稳定的销售渠道来推广苗族蜡染。以下是文化振兴小组所做的工作。

1. 拓宽宣传渠道

首先，利用自媒体平台，扩大产品知名度。帮助服务对象拍摄商品图、视频等，将苗族蜡染放到各主流自媒体平台上进行宣传，扩大其知名度。拍摄时，我们观察到蜡染围巾的颜色、花样比较符合城市审美，制作也十分精良。在完成了部分样品的拍摄之后，我们计划对照片处理后在“朋友圈”尝试进行小范围的推广。

其次，链接外界资源，拓宽订单来源。我们联系了在寻甸县工作的研究生支教团，希望与他们的直播带货平台合作，扩大订单来源。

最后，联系销售渠道，稳定订单销量。文化振兴小组成员联系了在凤龙湾开展服务活动的凤梨小组，得知她们在凤龙湾调研的过程中发现了一家首饰店。该店对蜡染、苗绣等传统手工艺品存在供货需求，于是便向经营者推荐了服务对象。对于此事，经营者表示非常感兴趣，同时也表示节假日自己的店铺里有不小的客流量，苗绣、蜡染等手工艺品在此期间的销量也十分不错，可以为服务对象的蜡染产品提供销路。文化振兴小组成员随后前往凤龙湾景区的手工礼品店，了解服务对象与其合作的可能性和相关条件，并初步达成合作意向。服务对象与文化振兴小组成员共同前往景区，沟通具体事宜并确立代卖合作关系。之后，服务对象参加了相关的苗绣蜡染展示活动，在活动过程中也结识了回族、彝族等民族的手工艺人，看到了不同民族的传统工艺品。在之后与凤梨小组的指导教师的讨论中，指导教师表示可以帮助服务对象链接资源，可与华东理工大学纪念品商店进行合作，以提供稳定的订单和销路。

2. 拓展蜡染样式，提高手工蜡染竞争力

首先，利用打印机，帮助服务对象打印一些想画却不会画的图案，拓印到布匹上进行绘画练习。之后，在文化振兴小组成员的鼓励下，服务对象创作出三种新的蜡染花样，并主动参加了大坝者村的小型展览活动。参加展览的新花样受到了广泛好评。最后，应服务对象的要求，文化振兴小组成员帮助服务对象拍摄蜡染和苗绣服饰的宣传照，增强了产品展示效果和吸引力。

3. 苗族蜡染传承

文化振兴小组成员考虑让蜡染走进“小海课堂”，一方面可以传承文化技艺，另一方面可以增强服务对象的社区影响力，为成立妇女蜡染小组做准备。

4. 保护苗族蜡染，申报县级非物质文化遗产

文化振兴小组成员首先了解了寻甸县一级非物质文化遗产申报的情况，尝试为其申报做一些工作。在征得服务对象同意后，文化振兴小组与寻甸县文体局非遗传承项目负责人取得了联系，并承诺协助服务对象完成相应的文书工作，后续申请事宜由服务对象依据个人实际情况自主决定。

三、总结与反思

从文化振兴小组对服务对象的服务中可以看出，文化手工品个体自产自销的方式并不能使文化产品得到推广。文化的活化和传承不是仅靠一个人、一种方式就能实现的。合理利用自媒体平台进行文化产品宣传，通过网络、风景区纪念品商品店等进行文化产品的售卖，都是不错的选择。服务对象制作的苗族蜡染手工制品的购买人群大多为周边地区苗族人。由此可以看出，民族工艺的推广还要以民族文化认同感作为支撑。在订单多时，服务对象的亲朋好友过来帮忙，可见村庄中掌握了苗族蜡染这一工艺的居民还不少。通过文化振兴小组的努力工作，苗族蜡染手工制品的销路得以拓宽，服务对象可以将此作为稳定的收入来源。之后，服务对象可以作为“社区领

袖”，将苗族蜡染生产在社区扩展开来。这一举措在增加小海新村居民收入的同时，也活化了苗族蜡染这一工艺。

第五节　苗族故事、《小海新村村史》与民族团结

一、苗族故事与传统的现状

一般来说，由共同的民族记忆和民族文化认同所形成的集体意识是实现民族团结的纽带。随着脱贫攻坚成果的显现，小海新村逐渐由“落后”“传统”的社会转型为“进步”“现代”的社会。那么，当小海新村传统文化被迫面对现代化的冲击时，应如何在这股洪流中传承文化传统呢？

文化振兴小组在前期入户探访中了解到，小海新村的儿童和青少年对苗族文化知识的掌握情况不容乐观。除日常所用的苗语外，其他苗族文化大多被抛弃了。但小海新村老一辈人对苗族文化充满感情。基于这种情况，文化振兴小组成立了“苗族故事小组”，进行村史编撰。这些工作有助于小海新村村民在脱离文化振兴小组的服务之后，将苗族文化传承下去。

文化振兴小组基于“苗族故事小组”和“小海学堂”，以小海新村苗族青少年为服务对象，通过小组活动，向年青一代讲解苗族历史，帮助他们感悟苗族精神，在进行文化传承的同时，增强他们的民族认同感。《小海新村村史》以文本的形式记录村史和苗族特色文化，可以使文化和村落记忆一代代延续，增强村民的凝聚力。

二、苗族故事

1. 服务计划

（1）服务目标

直接目标：通过对苗族故事的解读和学习，组员可以讲述一个经典的苗族故事，并且感悟故事中所蕴含的苗族精神。

间接目标：组员可以在日常生活中表现出苗族优秀的精神文化品质。

终极目标：组员可以成为苗族优秀的精神文化品质的传承者。

（2）实施计划

“苗族故事”活动安排见表3－6。

表3－6 “苗族故事”活动安排

<table>
<tr><th>活动节次</th><th>活动目标</th><th>活动内容</th><th>其他</th></tr>
<tr><td>第一节</td><td>调查儿童和青少年对于民族文化的了解程度；引导组员相互认识；让组员了解苗族基本文化</td><td>（1）通过口头询问和数据统计的方式了解掌握情况；
（2）以视频的方式讲解苗族文化历史概况和大花苗的历史</td><td rowspan="3">预计困难：
（1）组员不能理解视频的内容，容易出现走神的情况，不能认真学习知识；
（2）小组秩序混乱，难以有效开展；
（3）表演过程中，组员可能害羞

对策：
（1）当发现组员走神时，文化振兴小组成员要及时停下正在进行的事项，将大家的思绪引回活动本身；</td></tr>
<tr><td>第二节</td><td>进行小测验，检验组员对上节课内容的掌握情况；讲解《昭莠俭和高帕施》的故事</td><td>（1）回顾第一节的活动，以问题抢答的形式激发大家参与的热情；
（2）分发印好的故事册，进行讲解</td></tr>
<tr><td>第三节</td><td>回顾故事的内容；通过戏剧表演，孩子们感悟剧中人物身上体现的苗族精神</td><td>（1）回顾《昭莠俭和高帕施》的故事情节；
（2）每个人说出自己最喜欢的一段情节，并在下一节进行背诵；
（3）开展戏剧活动表演</td></tr>
</table>

续　表

活动节次	活动目标	活动内容	其他
第四节	巩固前期活动效果；将苗族精神与孩子们的日常生活联系起来，鼓励孩子们传承苗族精神	（1）每人以背诵的方式展示自己最喜欢的一段叙事长诗； （2）回顾戏剧活动的过程，总结自己在活动中学习到的知识； （3）回顾整个小组工作开展的过程，通过询问掌握情况并与前测情况进行对比，评估小组活动成效	（2）小组秩序混乱时，要及时和组员交流，听听他们的想法； （3）对于孩子们害羞的表现，文化振兴小组成员可以采取亲身示范表演的方法，调动大家的情绪

2. 服务实施

第一节：首先由文化振兴小组成员介绍小组活动的流程安排，让组员对本次小组活动有一个大致的了解；然后进行“击鼓传花”的开场游戏，将组员认识环节与组员的课堂知识融入游戏中，增加趣味性，为接下来的小组活动打下基础；文化振兴小组成员播放并介绍有关苗族记忆的五个纪录片，每播放一个纪录片之前给组员提一些关于苗族基本文化知识的问题，让组员带着问题观看纪录片；纪录片播放结束后，文化振兴小组成员引导组员回答之前提出的问题；文化振兴小组成员总结本次小组活动中学习到的知识和内容。

在游戏环节，组员充满热情，当拿到花的组员回答问题有困难时，其他组员会小声提示。但在接下来的看纪录片环节，由于纪录片内容相对平淡，一些年纪小的组员表现出抗拒的情绪。不过，在后面的提问环节，组员还是乐于回答问题的。我们可以明显看到，组员由开始接受提问时茫然到后面提问可以说出一些信息，这是不小的进步。

第二节：文化振兴小组成员首先介绍小组活动的流程安排，让组员对本次小组活动有一个大致的了解；组员对上一节的活动内容进行回顾；文化振兴小组成员介绍“文字连连看”和“图片连连看”的游戏规则，与大家一起进行游戏；文化振兴小组成员给组员发放橡皮泥和A4纸，让组员对苗族的文化符号进行艺术创作；文化振兴小组成员简单回顾这节课的内容，并介绍《昭莠俭和高帕施》的故事。游戏过程由易到难。游戏由开始的单人完成到最后的小组合作完成，将组员的情绪一点点带动起来。在接下来的橡皮泥创作中，组员们热情不减。在最后的回顾内容环节，组员们可以轻松地回答问题，效果良好。

第三节：文化振兴小组成员首先介绍小组的流程安排；随后组员回顾上一节的活动内容，特别是《昭莠俭和高帕施》的故事梗概；接下来，文化振兴小组成员借助幻灯片等形式，为大家介绍故事情节；采取小组讨论的形式，让组员总结昭莠俭和高帕施两人身上体现出的优秀品质；最后，总结小组讨论的结果，将苗族人优秀的精神文化品质和孩子们的日常学习生活联系起来。在这次活动中，我们采用先小组讨论再回答问题的形式，激发了组员们的参与热情。组员通过合作加深了感情。

第四节：文化振兴小组成员介绍小组的流程安排；大家一起梳理《昭莠俭和高帕施》的故事情节；随后，文化振兴小组成员邀请每一个孩子背诵或朗读自己喜欢的叙事长诗的片段，并说一说自己为什么喜欢这个片段；采取问答互动的形式，帮助孩子们回顾自己在整个活动过程中学到的知识；最后，文化振兴小组成员总结分享小组合作在学习和日常生活中的作用。本次活动取得了非常好的效果，活动中组员回答问题尤其活跃，有几次几乎是异口同声地回答。通过小组合作，组员们对苗族文化知识有了进一步的了解。

3. 总结与反思

对小组目标的完成状况进行评估后，我们发现，组员基本上完成了所设定的目标，学习了五个部分的苗族基本文化知识，掌握了一个经典的苗族故事，领略了苗族的精神文化内涵。在小组活动中，组员认识到了小组合作的重要性。

基于活动的设计，从第二节活动开始，我们的工作人员都会以不同的形式带领组员回顾上节的内容，在增加活动趣味性的同时，也不断加深组员对苗族文化知识的理解。同时，基于“小海学堂”成立的小组，组员之间的情感变得更加深厚，彼此的认同感进一步增强。需要注意的是，活动中组员们所学习的苗族文化或苗族故事可能只停留在表面上，真正的文化传承还需要落实到实践中。

三、《小海新村村史》

1.《小海新村村史》发布会

文化振兴小组通过入户探访、调研，撰写了《小海新村村史》，目的是使小海新村青少年了解并肩负起传承苗族文化的重任。青少年可以以《小海新村村史》为参照，成为苗族文化传承的主体，对下一辈进行苗族文化的传承教育。

本次活动前期，文化振兴小组主要是入户进行实地招募，同时为《小海新村村史》做宣传，介绍活动的时间、地点和流程。活动在小海新村活动室里举办，文化振兴小组成员重点介绍了《小海新村村史》对于苗族文化传承的意义。活动流程见表3－7。

表3－7 “《小海新村村史》发布会”实施流程

时间	活动目标	活动内容	其他
18:00—18:05	暖场活动，调动大家的热情，营造活动现场的氛围	进行击鼓传花游戏，按照规则，拿到花的人要进行唱歌、跳舞等才艺展示	所需资源：《小海新村村史》图书、花、口哨、音响、话筒 预计困难： （1）由于忘记或者临时有事，一些村民无法参与活动； （2）活动现场秩序混乱。 对策： （1）在活动开始前，再次去村民家中邀请； （2）提前找好志愿者，与文化振兴小组成员一起维护现场秩序
18:05—18:10	熟悉活动流程	（1）主持人致开场词，告知组织大家来这里参加活动的目的； （2）告知大家今天活动的流程	
18:10—18:20	讲解《小海新村村史》图书的编印过程以及编印的目的和意义	（1）振兴小组成员主持新书发布会，村民代表上台领取《小海新村村史》图书； （2）介绍《小海新村村史》图书编印的目的、过程以及书中的主要内容	
18:20—18:40	各年龄层相互交流，明白村史传承的重要意义	（1）请不同年龄层的代表讲述自己对于苗族文化的认识和对于传承苗族文化的理解； （2）点评发言，点出传承苗族文化的意义； （3）结合发言，点明《小海新村村史》图书所具有的意义	
18:40—18:50	让每个年龄层的村民都意识到自己有传承苗族文化的责任	（1）结合村民实际，指出苗族文化传承的必要性和紧迫性； （2）使村民意识到自身肩负的文化传承的责任； （3）指明青少年对于苗族文化传承的独特作用	

唤醒青少年传承苗族文化的意识，不是仅仅靠编写村庄历史书册以及组织活动就能实现的，而是要将其长久融入村民的日常生活中。不过《小海新村村史》成册对于文化传承毕竟还是具有重要作用的，它对于强化村民的民族认同感意义显著。

2.《小海新村村史》内容

（1）编者序

苗族是一个古老的民族，主要分布于中国的贵州省、湖南省、湖北省、四川省、云南省和海南省等地。据传，苗族先民最先居住于黄河中下游地区，历史上曾有过多次迁徙，其中一次因为战争，逐渐由江汉平原向南、向西大迁徙，进入西南山区和云贵高原。云南的苗族先民据传是由贵州一带迁徙而来的。

苗族文化对于民族团结、国家发展和邻里融合具有很强的凝聚作用，传承苗族文化在当代具有十分重要的意义。《小海新村村史》镌刻着苗族文化的印记，也承载着每一个村民难忘的回忆。以文本的形式记录村庄历史和苗族特色文化，有利于苗族文化的传承，有利于文化和村落记忆一代代延续，有利于增强村落整体的团结。出于以上目的，文化振兴小组编写了《小海新村村史》。

《小海新村村史》分为衣、食、住、行、嫁娶、丧葬和宗教等七个部分。每一部分的资料都是文化振兴小组成员通过询问小海新村村民获得的，之后经过反复询问和求证，确保资料的完整性和真实性。服饰部分（衣），侧重点是苗族服饰的特点以及服饰花纹中蕴含的民族文化；饮食部分（食）讲解了小海新村的苞谷饭和菌子等具有代表性的食物；住房部分（住）展现了由山后村到小海新村居住房屋的变化情况；交通出行部分（行）则聚焦于道路的变化和出行工具的变迁两个方面；嫁娶和丧葬两部分分别阐述了两类习俗的大体流程和变迁情况；宗教部分涉及祭祀、花山节等传统习俗。在此特别感谢《寻甸民俗》读本所提供的翔实资料，《小海新村村史》的部分内容即摘自其中。

《小海新村村史》主要面向小海新村村民，尤其是青少年群体，他们作为苗族未来的顶梁柱，对于苗族文化的传承具有重要作用。该读本可以作为他们学习和探索苗族文化的启蒙读物。

（2）寻甸县苗族文化简介

寻甸县苗族，主要从贵州迁入，自称“阿卯”，系大花苗支系。2015 年年底，寻甸县苗族人数为 6 875 人，占寻甸县人口总数的 1.61%。寻甸县的九个乡镇、三个街道都有苗族居住。苗族有自己的语言、文字和服装服饰等，最有特点的要数服饰文化、婚俗文化。苗族女子擅长纺织和刺绣，特别是手工蜡染，极具民族特色。苗族群众能歌善舞，老人擅长唱古歌、口传苗族故事，还喜欢演奏芦笙、箫、口弦等乐器。

（3）服饰方面

① 服饰习俗。过去，人们以穿麻布衣服为主。苗族人民通过种植火麻，自纺自织，实现了穿衣自给。现在，棉布衣服也成了苗族人民常见的衣服之一。男子一般上穿对襟长衣，下穿长裤，腰束带，留发不戴帽，缠头帕，打绑腿。女子一般上身穿大襟短衣，下身穿各种百褶裙，少数年轻的妇女加穿棉布裤，打绑腿，衣背、衣领、衣袖和裙子上都镶有各种颜色的象征着不同含义的花饰。比如：衣背的方块象征祖先的大印或纪念祖先筑就的城墙；裙子的花条象征祖先耕种的田地；绑腿则是纪念祖先迁徙走过的江河道路。也有少数妇女佩戴项圈、耳环、戒指等，已婚女子挽锥形发髻于顶上。妇女喜欢

以木梳卡发。

苗族女子擅长纺织和刺绣，大多数人都能用五色丝线在麻布或棉布上刺绣花、木、鸟、兽等各种精美图案。蜡染更是苗族妇女的特长。苗族女子七八岁时就学绩麻、扭线、绣花，手巧的姑娘所绣之物栩栩如生、美观大方。苗族男子擅长打猎，多数人有着丰富的狩猎经验。男孩五六岁就开始练习打弹弓、射弓弩。男子捕捉野兽的办法很多又很巧妙，他们能用树叶吹出各种鸟兽的声音，引诱鸟兽出林然后捕捉它们。

苗族服饰的特点主要表现在头饰、花衣裳、百褶裙、花围腰、绑腿等服饰上。

头饰：男人的头饰较为简单，在头上裹上黑色或青色的包头布，表示为战争中死去的先人"戴孝"。妇女的头饰较为复杂，未婚女子和已婚妇女的头饰有所不同。未婚女子平时将头发梳成两个发辫，然后绕于头上，再插上一把木梳，称为高髻，节日时套上用黑毛线或丝带做成的套头，用鲜花等装饰，显得自然、朴实、大方；已婚妇女将头发连同少许毛线缠紧并绕于头上，称为矮髻，节日时将木质圆锥体作为底座，放于头上，周围用头发和黑毛线绕成圆锥形的尖髻，显得高贵、华丽、威严。

花衣裳：男女都可以穿，但男子穿时必须先穿件对襟长衣在内，再穿上花衣裳，这样显得格外有风度、有精神。

白褶裙：这是苗族妇女的盛装，也是苗族历史的写照，它代表着苗族人民百折不挠的精神。据说苗族妇女把苗族的历史都记录在这百褶裙里。百褶裙是苗族妇女智慧的结晶。百褶裙上的黄布条代表黄河，红布条代表长江，代表苗族人民曾经居住在黄河、长江流域。菱形图案和交叉的线条，表示苗族人民曾经居住的地域是平原和交叉的道路。花边表示城池和疆域。百褶裙的制作工艺复杂。制作百褶裙是每个苗族妇女的必修课，也是检验苗族妇女是否心灵手巧的一项标准。

绑腿：这也是苗族人民的标志，它代表着苗族人民的勤劳、勇敢，是苗族人民长期迁徙和以狩猎为生的象征。据说，苗族是蚩尤部落的后人，当年蚩尤部落与炎帝部落发生战争，在迁徙中男女都打绑腿，随时准备战斗。为了纪念这段历史，苗族人民男女普遍打绑腿。到了现在，这就形成了一种服饰标志。

② 服饰变迁。大约 5 到 10 年前，村子里的女性平时就不穿裙子了，女性青年在大约 30 年之前就不穿苗族衣服了。女子现在去吃酒、串亲戚的时候会穿自己的苗族衣服，但男子几乎不穿，只有在自己娶亲的大喜日子才穿。当时不穿苗族衣服是为了干活儿方便。现在没有人织布，人们都是买成品衣服。尽管现在衣服款式十分多样，一直在创新，但是衣服图案的基本元素没有变，衣服图案仍然蕴含着苗族的历史和文化。

（4）饮食方面

① 苞谷饭。苞谷饭的做法如下：先把苞谷粒磨成苞谷渣，根据人数取适量苞谷渣，用水清洗后再洒适量水，搅拌均匀；上锅蒸大约 15 分钟，冷却后洒水再蒸大约 20 分钟。生活条件改善后，人们会在苞谷面中加入白米一起上锅蒸。（如图 3－1 所示）

图 3－1　苞谷饭和各种家常菜

② 饮用水。山后村的饮用水，一部分是从爱民水窖（如图 3－2 所示）接引水源；另一部分是通过在半山腰所建的水塘接引水源。村民搬迁之后饮用自来水，价格为 3 元/立方米。

图 3－2 某部队所修建的爱民水窖

图 3－3 各种常见野生菌

③ 野生菌。每年 6 月至 9 月是盛产菌子的季节。小海新村周围的山上自然环境优越，适合野生菌子生长。村民在产菌子的季节以捡菌子作为最主要的生计来源。他们一大早就上山去捡拾新鲜的菌子（如图 3－3 所示）。主要的菌子种类有青头菌、干巴菌和鸡纵菌等。在傍晚时分，商贩会来收购村民捡的菌子，价格为每斤 80 元到 120 元不等。野生菌作为一种自然资源，可能会随着采摘数量的增多和自然条件的变化消失不见。因此，村民们不能只依靠捡菌子来维持生计，而需要从长远考虑，发挥自己的优势，寻找新的可持续性的生计来源。

(5) 居住方面

过去，村民们的住房主要以土坯房、茅草房或十分简陋的“杈杈房”为主。住房的变迁经历了草房、土房、空心砖房和砖房四个阶段。草房的屋顶是草，墙由土或木头构成；土房的屋顶是小瓦，墙由土构成；之后的空心砖房墙体是由空心砖建成的，屋顶是石棉瓦；砖房则是由红砖和钢筋水泥建成的，也就是现在很多家庭所居住的房屋（如图 3-4 所示）。

图 3-4 新村住房

现在，苗族村寨的居民在党和政府的关怀下，生产和生活条件发生了极大的变化。小海新村易地扶贫搬迁项目共计投资 1 000 余万元，新建安居房 33 套，每套住房面积约 105 平方米。村内安装了太阳能路灯，完成了亮化工程；统一建盖了集中养殖区域，村内垃圾房、公厕、健身器材、村级活动室等配套设施齐全。村民们过上了幸福美满的生活。

（6）出行方面

昔日的山后村都是土路，村民们出行很不方便，一遇到下雨天路很不好走。那时候运送东西都是依靠牛车（如图 3-5 所示）和马车，出门一次非常耗费人力物力。那时候人们也很少往返于集市，一般都在山上自给自足。在 10 年前，生活条件有所改善后，很多家庭购买了摩托车和三轮车，取代了牛车和马车。前几年，村里修建的小路通到了家家户户，村民们出行方便了许多。

图 3-5　牛车

易地搬迁之后，小海新村完成了进村道路、村内道路和庭院场地的硬化，交通条件得到了极大的改善。很多家庭购买了汽车，出行更为方便。

（7）婚姻方面

在婚姻生活上，当地实行一夫一妻制。过去，村内苗族不与其他民族通婚，一直保留着族内婚，秉承着姨表不婚、同姓不婚、同宗不婚的传统。现在，也有部分苗族群众与其他民族通婚。婚姻恋爱较为自由，但仍须经双方父母同意，方能结婚。即使父母不同意，男女双方婚姻意愿强烈，父母最终也会听从子女的意见。传统婚姻流程有订婚、过礼、娶亲、回门等。但由于网络聊天工具的发展和普及以及青年男女外出打工人数的增加，传统婚姻流程在一定程度上被简化了。

订婚：也叫“传信”或“讨口风”，随着网络聊天工具的发展，年轻男女之间的相识、交往不再仅仅通过媒婆介绍，请媒说亲这项传统习俗逐渐消失。而传统的订婚也发展为男方带着自己父辈的亲属，如叔叔或伯伯，以及成对的彩礼，如两瓶酒、两只羊等，前往女方家中商定。彩礼的种类由自己的家庭条件决定，没有一定的标准。双方长辈在女方家中共同确定一个农历日子作为娶亲日。

过礼：也称“结亲日”，就是由男方择定吉日送女方一定的彩礼。这项习俗如今被合并到订婚之中。

娶亲：娶亲时，男方送种类不同的彩礼。男方要带着多个伴郎组成的接亲队伍前往女方家中迎娶。娶亲日的前一天，女方四邻的姐妹组成伴娘团来到女方家中，准备送女方出嫁。接亲队伍到达女方家，要行开门礼，跳芦笙舞。苗族娶亲时，以女方舅舅为大，因此新郎、新娘要先向女方舅舅敬酒拜谢，再敬其他宾客。领婚人要找到女方父母，说明第二天的行程。

苗族娶亲，不论远近，男方都必须在女方家住一夜。第二天，娶亲队伍从女方家离开时还要举行必要的仪式。一是依次请女方舅舅、宾客中的其他长者、领婚人、新郎、新娘、伴郎、伴娘就座，并敬酒祝贺。二是新郎向新娘的兄弟、姊妹以及伴娘发放礼物。三是请女方舅舅为新郎、新娘祝福。四是领婚人、新郎向女方舅舅、父母、宾客致谢。五是女方送牛、羊、猪、鸡等（现在多以家具代替牛羊），作为成家立业的资助。仪式完成后，女方宾客唱起《送客歌》，送新郎、新娘出发。

回门：是指女方出嫁三日后，新郎、新娘前往女方家“回门”，并需在女方娘家生活七天，新郎再次接受岳父岳母的祝福。现在的“回门”大多当天去当天回。苗族青年结婚后，男女双方非常亲密，有“秤不离砣，公不离婆”的赞语，很少有离婚现象。

（8）丧葬方面

这里的丧葬习俗比较简朴，下葬不择日。丧葬流程主要有洗身、装棺、出殡、下葬四个步骤。第一，洗身穿衣。老人病重时，家人就要守护在身边，不能离开。老人去世后，家人为其穿上用生白麻布做成的新衣，剪一块生白麻布盖住逝者的脸，腰间用生白麻条捆扎，拉平四肢停放，还要请本村的长者为其织一双草鞋穿上。第二，装棺。出殡前要进行装棺，在棺木中放入亡者生前的一些衣裳等软物，然后按照头装在棺木的小头，脚装在棺木的大头的方式进行装棺。代表人跟树木一样，都是顺势生长。最后加盖棺盖儿，装棺完成。第三，出殡。待山上基坑挖好后即可出殡，由一长者提着上箭的弓弩在前面开路，另一人提着晌午袋，棺木紧随其后，送亡者到达坟山。第四，下葬。亡者被送达坟山后，举行下葬仪式。棺木入坑后，要揭开棺盖三次。一是表示让亲人再见去世的人一面，二是为去世的人揭去脸上的麻布、脱去草鞋，三是亲人最后一次为去世的人整理衣冠，以示最后的哀悼。然后盖上棺盖儿，填土下葬。

苗族的坟墓过去是东西向，头向东，脚向西，意思是说苗族来自东方，死者的头向东，死后才能回到祖先居住的东方去。现在多数棺椁已是依山势而埋。

（9）宗教方面

苗族的宗教信仰是苗族人民在长期的生活中形成的。他们认为，万物都有灵，即“神”。山有山神，水有水神，洞有洞神，药有药神，这是苗族原始宗教的起源。为了祈求人民的生活安康，苗族群众在生活中举行各种祭祀活动。在小海新村，常见的是祭祖活动。祭祖活动主要以家族或家庭为单位进行，大约每三年举行一次。整个家族中辈分较大的老人前往先人的坟墓前进行祭祀，祈求先人保佑子孙后代平安、幸福。

苗族特有的节日有花山节、苗年等。花山节亦称踩花山，时间为农历五月初五日，是苗族最盛行、最隆重的传统节日。有时为了避开农忙季节，人们也可能选择其他时间过花山节。节日期间，各村的苗族群众都穿着节日盛装赶来参加。对于外地的苗族同胞，本地苗族同胞要设置“拦门酒”以示欢迎并尽地主之谊。花山节的庆祝方式有跳芦笙舞、拉手风琴、射弩、绩麻、斗牛(如图 3－6 所示)等。

图 3－6　斗牛

第四章　经社融合的社区发展：凤龙湾的实践

本章讨论华东理工大学2019级社会工作专业硕士研究生实习期间所组成的"凤梨小组"如何针对凤龙湾特色小镇进行"一镇带三村"的社区发展项目。该小组在开展扶贫的过程中不断与当地居民、政府及企业积极互动，并与指导教师反复讨论。凤梨小组成员运用社区营造的知识与技巧，遵循资产为本的社区发展理论，在探索村庄优势资源的基础上展开了以产业发展、人居环境改善、增强健康意识、为娱乐增能等为主题的活动。通过这些活动，该小组有效地协助当地政府发展特色产业、助力社区经济发展、改善人居环境和提高健康管理水平。本扶贫案例不仅有助于社区经济发展、健全村民互助网络，也对探索政府、高校与社会工作者多元合作助力提供了思路。

第一节　凤龙湾特色小镇与“一镇带三村”项目

一、乡村振兴政策背景下凤龙湾小镇的发展

2017年10月18日，党的十九大报告提出了乡村振兴战略。农业农村农民问题是关系国计民生的根本性问题，必须始终把解决好“三农”问题作为全党工作重中之重，实施乡村振兴战略。2018年，中央一号文件提出了乡村振兴战略的实施意见和“产业兴旺、生态宜居、乡风文明、治理有效、生活富裕”的总体要求，坚持农业农村优先发展，为“三农”工作的开展提供了指导性意见。在这样的政策背景下，开发凤龙湾特色小镇旅游景区的公司与政府一道，实施了“一镇带三村”项目，旨在通过助力景区发展的同时，辐射带动周边三个村庄发展，形成产业转型振兴的发展局势。

凤龙湾特色小镇位于昆明市寻甸县和曲靖市马龙区交界处，距昆明市区约85千米，距曲靖市区约45千米，距昆明长水国际机场约55千米，位于滇中城市群一小时经济圈内。高速公路易隆出口距离凤龙湾小镇10千米，在建的渝昆高铁将在凤龙湾特色小镇以北设七星站，距离仅3千米，建成后将直接引入高铁客流。滇中城市群一小时经济圈区位条件好、交通便捷，覆盖居民1 300万人，是名副其实的昆明、曲靖城市后花园。凤龙湾特色小镇通过旅游专线与寻甸县和杭瑞高速相连，交通便利。

凤龙湾特色小镇自创建以来，以大旅游、大健康、大农业三大主题为目标，通过22千米浪漫观光火车游线、16千米水上游艇观光线、12千米临水森

林木栈道、18 千米马道和 20 千米自行车道，串联童话小镇核心商业区、火车文化体验区、天方夜谭文化创意区、龙溪谷生态康养区、凤舞莲花休闲游乐区等五大片区，创建过程中将回、彝、汉、苗民族文化和凤龙文创故事融入建筑风貌和商业业态之中，文旅融合效应突出。特色小镇的创建，全面提升了“吃、住、行、游、购、娱、研、学、养”的旅游要素供给，带动了小镇周边三个村庄联动发展，整合了全国 50 余个国家级民族非遗产品。凤龙湾小镇在建设全国民族团结进步示范小镇、助推云南建设中国最美丽省份和世界一流的健康生活目的地等方面发挥了积极的示范作用。

目前凤龙湾特色小镇还处于部分开放的阶段，整体的建设还在进行中。但是对于村庄，尤其是大坝者村的带动作用已经显现。周围其他村庄紧跟小镇发展开始转型，现有四家农家乐，村庄组织开设了集贸市场，村民着力发展体验式采摘园。

二、“一镇带三村”项目的引入与“三村”的发展定位

自 2018 年云南省召开特色小镇创建工作现场推进会以来，凤龙湾小镇紧盯“世界一流、中国唯一”创建目标，充分利用所在地丰富的旅游资源，推进“传统观光＋休闲度假＋大健康”融合发展，发挥旅游大项目的龙头带动作用。凤龙湾特色小镇处于云南省贫困人口较为集中的滇东北核心区域，可以有效带动区域内贫困人口的增收致富，促进区域内产业结构的优化调整。相较于其他省份，云南省城镇化率偏低，小镇是城市—小镇—乡村社会生态系统的重要一环，具有纽带作用，是促进城乡融合发展的重要抓手。特色小镇的建设在昆滇城镇化建设和乡村振兴建设过程中具有里程碑式的价

值。特色小镇是城市和乡村的黏合剂，是实施乡村振兴战略的重要抓手，能够将城市发展和乡村发展融合起来，形成城乡一体化发展格局，进而带动乡村振兴。按照乡村振兴战略的总要求，“产业兴旺”排在第一位，特色小镇可以面向目标乡村构建契合实际的产业，从而促成乡村一、二、三产业更好地融合。凤龙湾小镇的规划以村庄生态环境和民俗文化为出发点，以乡村振兴战略为指导，以云南省特色小镇创建目标要求为标准，力图通过小镇的整合带动，打造“乡村农场＋乡村民俗旅游＋文创”文旅型特色小镇，带动乡村振兴样板和汉、回、彝、苗民族团结示范村的创建。

在乡村振兴战略背景下，结合景区带动作用的实际情况，当地政府和企业共同提出“一镇带三村”项目（详见图 4－1），通过调研和召开会议，明确“一镇带三村”的规划运作模式为政府主导、村民主体、企业助力。其中“一镇”指的是凤龙湾特色小镇。“凤龙湾特色小镇”为旅游景点的名称，非行政区划名。“三村”分别是大坝者村、小坝者村和老村子村。三个村庄依托小

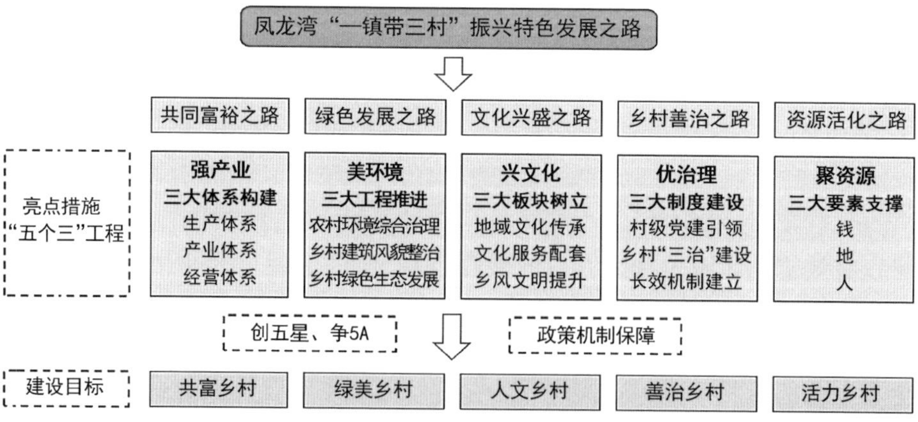

图 4－1 “一镇带三村”模式

镇已进行了交通基础设施建设，交通较方便。“三村”与小镇紧密相邻，呈“镇—村—景”一体化的格局。三个村庄经过总体规划，在凤龙湾特色小镇客源引流中形成一村一品的特色。大坝者村定位为牧野农场；小坝者村定位为鲜花康养小镇；老村子村定位为白鹭生态小镇。三村规划设计详见图 4－2。

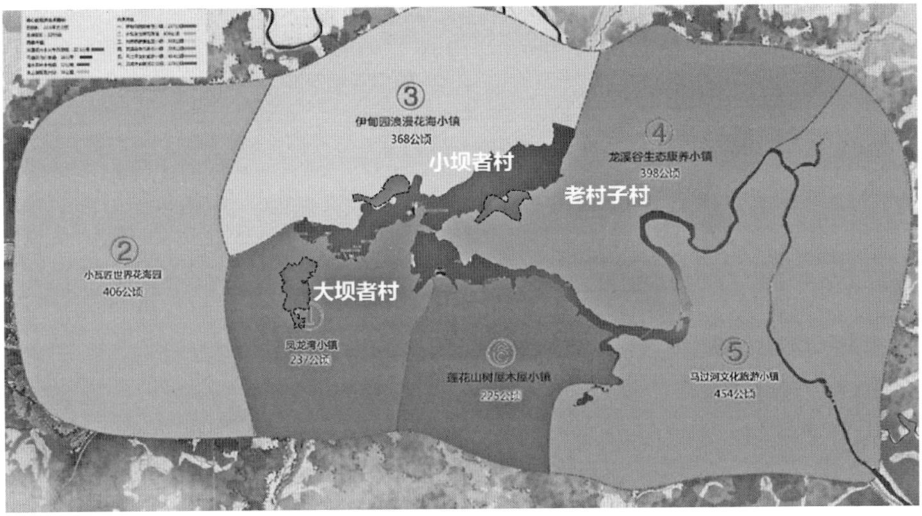

图 4－2　三村规划设计

大坝者村位于小镇核心区南侧，村落用地面积约 74 418 平方米，居民 106 户，450 人；小坝者村位于小镇核心区北侧，村落用地面积约 34 673 平方米，居民 42 户，180 人；老村子村位于小镇核心区东侧，村落用地面积约 33 400 平方米，居民 28 户，120 人。大坝者村分为四组和五组，其中五组仍然以种植农作物和饲养牲畜为主。区别于寻甸县其他地区以烟叶种植为主的种植业，大坝者村目前已经不再种植烟叶，粮食作物以苞谷和小麦为主，水果以柿子和拐枣为主，干果以核桃和板栗为主；在养殖方面主要是猪、羊、鸡、鸭和鹅的饲养。根据该村气候的特殊性和适宜性，有一户人家种植草莓并开设了采摘园。大坝者村村委会旁边有一所学校，覆盖学段是幼儿园至小学二年级。因为学校的资源有限，村民一般不大愿意将孩子送至该校读书，多数选择到塘子街道和七星镇的九年制学校就读。村委会附近设有卫生室，但是卫生室目前无人值班，处于空置状态，原因在于原先的工作人员医术太差，村民不敢也不愿前往就医。村庄内已经开设 5 个农家乐、1 个草莓采摘园、1 个垂钓体验区、3 家便利店和 1 个集贸市场。村史馆正在建造中。此外，村委会门前的广场上设有健身器材，学校内则有相应的体育设施。

小坝者村位于小镇核心区北侧，在景区规划中的定位是鲜花康养小镇。村落用地面积约为 34 673 平方米，居民有 42 户，180 人，均为汉族，年龄大多在 40 岁以上。小坝者村居民聚居点地形较平坦，自然条件较好，村庄北面为农田，南面紧邻凤龙湾水库。村庄道路铺贴了青石板，污水排放系统也正在完善。全村有耕地 76.77 亩，主要种植烤烟、玉米等农作物；还有林地 671.5 亩、荒山荒地 240 亩，其他土地面积为 800 亩。村庄的主要产业为传统种植业、养殖业和刚起步的餐饮服务业。在景区开发过程中，一部分土地被征用，村庄中可利用的耕地面积有所减少，但总体上仍以农业为主。小坝者村的一、二年级学生就读于村里的小学；三至九年级在七星镇九年一贯制学校就读，周一至周五住校，周末回家。村里的卫生室距离小坝者村较远，且医疗设施和医疗水平有限，因此村民有日常就医需求时多会选择到七星镇医治。在基础设施方面，目前村庄的活动室、旅游公厕和停车场已修建完成。自凤龙湾旅游小镇开发以来，小坝者村的基础设施得到逐步完善，人居环境也得到了较大改善。由于凤龙湾特色小镇开发的进度较慢，因而旅游红利至今未能显现，未能成功吸引村庄的年轻人返乡创业。不过，小坝者村住进了一对重庆夫妇，在村里成立了以乡村夏令营为主营业务的工作室，服务对象主要为中小学生。此工作室目前还处于初建阶段，并未对村庄发展产生影响，村民也大多不知晓此事。

老村子村隶属于七星镇江外村村委会，位于山区，距离村委会驻地7千米，距离乡政府驻地11千米。该村面积为2.24平方千米，海拔为1 895米，年平均气温为13摄氏度，年降水量为1100毫米，适合烤烟、玉米等农作物生长。老村子村位于凤龙湾小镇核心区东侧，在景区规划中的定位是白鹭生态小镇。村落房屋用地面积约为33 400平方米，居民有30户，141人，均为汉族。村庄常住人口有48人，其中60岁以上的老人有26人，中小学生不到10人，多在七星镇上学。该村前临水，后靠山，村民以前大多靠捕鱼为生。村庄被水库隔开，以前需要乘舟进村。现在部分村民从老村中搬离出来，形成了新村子村，但仍有部分村民选择住在老村，这便是如今的老村子村。

老村子村居民聚居点大部分地处西向坡，坡度相对较大，居民点建筑错落有致。全村耕地总面积为125.66亩，其中田35.16亩、地90.5亩，人均耕地为0.95亩，主要种植烤烟、玉米等作物；拥有林地2 021.5亩，其中经济林果地20亩，人均经济林果地0.15亩，主要种植板栗等经济林果；水面面积850亩，其中养殖面积5亩；荒山荒地260亩，其他面积有100亩。该村的主要产业为种植业、养殖业，产品主要销往寻甸县县城。老村子村尚未有旅游接待服务项目和与之配套的餐饮店、客栈等。老村子村所属的江外村村委会开办了小学，但是因为该小学和镇上学校相距不远，所以村里的学生多选择直接去镇上学校读书。村里设有卫生室，但是医生的医术有限。医生每一两个月到村里走访一次，关注那些身体状况较差的老人。通常情况下，身体不舒服的村民会选择到镇上医治。村里的农村医疗保险已实现全覆盖，且扶贫政策已经落实，针对特殊人群的相关福利政策正在逐步落实。老村子村修建了公共厕所和村民活动室。村集体有固定的资金和山林，由村集体统一管理使用。村民无日常的娱乐活动。

近年来，由于凤龙湾特色小镇的发展，老村子村的基础设施和交通状况都得到了一定程度的发展，村庄也获得了一些发展机会。但是，由于工程进度慢，辐射力较弱，因而该村尚无年轻人返乡，原本期待的产业转型尚未出现，村里依然是以种植烤烟、小麦、玉米为主的传统农业生产方式。此外，由于景区开发需要征用土地，因而村民可耕作的土地变少，这也是老村子村发展过程中面临的一个较大的挑战。

总的来说，“三村”的产业发展现状是以农业为主导，收益不高，种植类型单一，缺少优势产业，乡村旅游得到初步发展；收入主要源于农业和外出务工。农业以种植小麦、玉米为主，人均收入较低。有几十位村民在凤龙湾小镇就业，小镇旅游的发展给周边村庄带来的旅游红利初显。随着乡村旅游的初步发展，大坝者村的村民开设了农家乐客栈和流动摊位为游客服务，小坝者村的村民开办了几家客栈和游船公司，但均处于起步阶段，其他乡村旅游资源有待开发、旅游设施有待完善。此外，老村子村尚未出现旅游接待服务项目和餐饮、客栈。

三、“一镇带三村”工作遭遇的挑战

目前，“一镇带三村”项目实施的主要负责一方，也就是凤龙湾特色小镇的小镇景区公司，已经对“三村”的用地布局、风貌整治、产业发展、公共基础设施进行了具体详细的规划。其中，房屋改造、道路设施改造、集贸市场设立等计划已经在实施中。但是，“三村”发展仍然呈现出许多基础性和发展性的问题。基础性问题涉及以下三个方面：一是产业发展问题，传统农业不足以发展村庄经济，导致村庄经济活力缺失、人口流失；二是村庄建设良莠不齐，地域特色逐渐消失，缺乏良性交往空间，“空心村”现象逐步加剧，传统村落活力渐失；三是村庄基础设施建设严重滞后，文化服务设施匮乏，卫生设施条件差，村民物质文化需求不能得到满足。虽然“一镇带三村”项目的带动发展解决了一些硬件上的问题，但是“三村”的现实条件距离旅游村的标准还有差距，尤其是受景区发展辐射影响较弱的小坝者村和老村子村，发展转型较缓慢。此外，村庄还存在很多发展性的问题。一是村民缺少发展意识、能力不足，难以适应当下的产业转型。二是村庄土地被征用，加之在发展过程中相对于景区公司的资本弱势，使得村民在与景区公司沟通时难以掌握话语权。三是旅游发展中所产生的环境问题，加之村民一定程度上缺乏可持续发展理念，村庄环境随着旅游发展开始恶化。凤梨小组在当地政府与高校合作的背景下入驻乡村，针对乡村存在的基础性问题和旅游开发中出现的发展性问题进行服务设计并实施。

四、凤梨小组的进入及其项目计划

在对各村进行基本调研的基础上，凤梨小组根据各村实际情况和问题需求，并结合各村的资源情况进行了发展态势分析，具体分析如表 4－1、表 4－2、表 4－3 所示。

表 4-1　大坝者村 SWOT 分析

外部因素	内部因素	
	内部优势(S)	内部劣势(W)
	➢ 基础设施完善； ➢ 自然资源丰富； ➢ 产业发展初具规模； ➢ 地理位置靠近景区； ➢ 交通便利； ➢ 村民对村庄未来发展持有积极态度	➢ 村民之间存在多重矛盾，凝聚力较低； ➢ 人口老龄化相对严重； ➢ 四组和五组之间的发展差距大； ➢ 垃圾处理方式过于粗放； ➢ 村民的环保和健康意识不足； ➢ 中年阶段的村民不能熟练使用智能手机
外部机会(O) ➢ "一镇带三村"项目； ➢ 旅游业带动就业岗位和发展个体产业的机会的增加； ➢ 乡村振兴战略	SO ➢ 利用本地化特色资源持续促进产业发展，包括农家乐和集贸市场； ➢ 增进不同产业之间的交流合作	WO ➢ 改善垃圾处理方式，提高垃圾再利用率； ➢ 开展健康主题活动； ➢ 开展智能手机使用培训
外部威胁(T) ➢ 四组的土地几乎全部被征收； ➢ 垃圾量的增加与处理量之间的矛盾； ➢ 难以满足游客复杂的需求； ➢ 与旅游小镇之间的竞争	ST ➢ 研发特色产品； ➢ 增加农产品多样性与附加值； ➢ 整合村庄资源，设立村庄导览地图	WT ➢ 改善村庄环境设施，加强环保宣传，整体改善村庄环境； ➢ 增强村民凝聚力，增进信任与合作

表 4-2　小坝者村 SWOT 分析

外部因素	内部因素	
	内部优势(S)	内部劣势(W)
	➢ 基础设施逐渐完善； ➢ 靠近易白公路，交通便利； ➢ 养殖业逐步发展； ➢ 紧邻凤龙湾特色小镇，自然风光秀丽； ➢ 村民团结，重视教育，村风良好； ➢ 部分村民有农家乐经营的能力与经验	➢ 村庄逐渐出现空心化； ➢ 卫生设施条件差； ➢ 缺乏文化服务设施与公共娱乐资源； ➢ 牲畜养殖类型单一，不成规模； ➢ 可耕地面积减少； ➢ 村民对景区公司不信任
外部机会(O) ➢ 乡村振兴战略； ➢ “一镇带三村”项目入驻； ➢ 旅游业带动就业岗位和发展个体产业的机会的增加； ➢ 研学资源的进驻	SO ➢ 发展乡村旅游产业，鼓励并支持村民结合旅游发展自主创业； ➢ 鼓励村民结合自身情况发展多元产业； ➢ 挖掘村庄优势与资源，大力开发研学项目	WO ➢ 继续完善村庄基础设施； ➢ 增加养殖业的多元性与规模； ➢ 强化村民环保意识，改善垃圾处理方式，提高垃圾再利用率； ➢ 抓住景区产业发展，增加中青年人回乡机会； ➢ 增加村民与景区对话的机会
外部威胁(T) ➢ 村庄与景区发展差距大； ➢ 地域特色逐渐消失； ➢ 村庄活力渐弱	ST ➢ 增加农产品和养殖业的多样性与竞争力； ➢ 发展乡村合作社，促进产业转型与发展； ➢ 提高村民就业技能	WT ➢ 改善村庄环境设施，增设环保宣传，整体改善村庄环境； ➢ 推动乡村旅游发展，增加就业机会，吸引中青年人回乡发展

表 4-3 老村子村 SWOT 分析

<table>
<tr><th rowspan="2">外部因素</th><th colspan="2">内部因素</th></tr>
<tr><th>内部优势(S)</th><th>内部劣势(W)</th></tr>
<tr><td></td><td>➢ 基础设施完善；
➢ 自然资源丰富；
➢ 村庄领导者能力强；
➢ 村民团结，村风良好</td><td>➢ 垃圾的处理方式过于粗放；
➢ 村民环保和健康意识不足；
➢ 村庄劳动力较少，老龄化严重；
➢ 发展形式单一；
➢ 教育、卫生资源缺乏</td></tr>
<tr><td>外部机会(O)
➢ “一镇带三村”项目入驻；
➢ 旅游业带动就业岗位和发展个体产业的机会的增加；
➢ 乡村振兴战略</td><td>SO
➢ 利用本地化特色资源持续提升产业发展，包括垂钓体验和集贸市场；
➢ 增进不同产业之间的交流合作；
➢ 增加村民与景区公司的对话机会，减少发展矛盾</td><td>WO
➢ 改变垃圾处理方式，提高垃圾再利用率；
➢ 开展健康主题活动；
➢ 增加老年活动，建设开放老年活动中心；
➢ 抓住景区产业发展，增加青壮年回乡机会</td></tr>
<tr><td>外部威胁(T)
➢ 地理位置是“三村”中最闭塞的；
➢ 土地资源的流失；
➢ 与景区发展差距大，存在矛盾</td><td>ST
➢ 借助火车轨道发展特色产业；
➢ 增加农产品多样性与附加值；
➢ 抓住地方特色进行乡村打造，避免与景区雷同度较高</td><td>WT
➢ 改善村庄环境设施，增设环保宣传，整体改善村庄环境；
➢ 多种产业共同发展，形成多元产业</td></tr>
</table>

在具体分析的基础上，凤梨小组以“资产为本的社区发展理论”(Asset-based Community Development)①为指导，对于“三村”的干预计划

① Kretzmann J P，McKnight J K，*Building Communities from the Inside-out: A Path toward Finding and Mobilizing a Community's Assets*. Evanston(IL: Institute for Policy Research，1993)，p5.

进行了整体的规划。资产为本的社区发展理论重点强调三个方面：一是资产为本，即强调从社区拥有的资产或优势出发来介入社区发展；二是内在取向，即强调社区居民自身参与社区发展的能力；三是关系构建，即强调居民和社团之间的接触，以及各种网络关系的建立。在该理论的指导下，凤梨小组重视发掘和利用村庄内的优势资源，如自然资源、村民才能、基础设施以及政府和企业的支持等，在此基础之上通过活动的开展提高村民参与家乡建设的积极性和主体性，具体包括观念的转变、能力的提升和知识的增加，促进村民的增能。此外，凤梨小组尝试在不同村民群体之间建立了交流合作的平台，形成了紧密互助的关系，最终帮助整个村庄形成合力，发展特色产业，助力社区经济，改善人居环境，提高健康管理水平。

凤梨小组对于社区资产进行了梳理，具体情况见图 4－3、图 4－4。

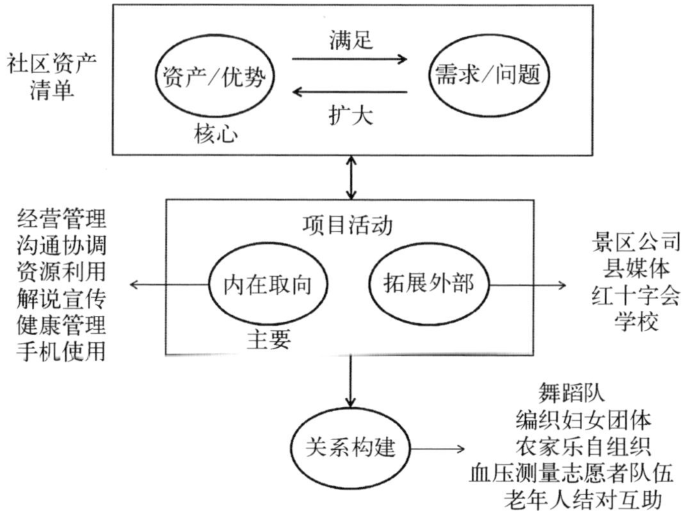

图 4－3　“三村”社区资产

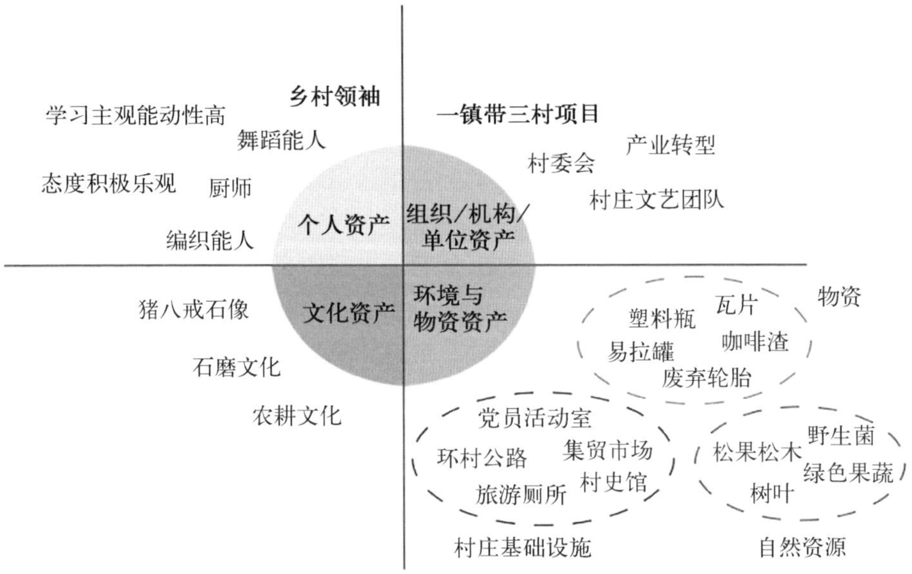

图 4-4　社区资产清单

在此基础上，凤梨小组制定了服务思路和项目框架，具体见图 4-5。

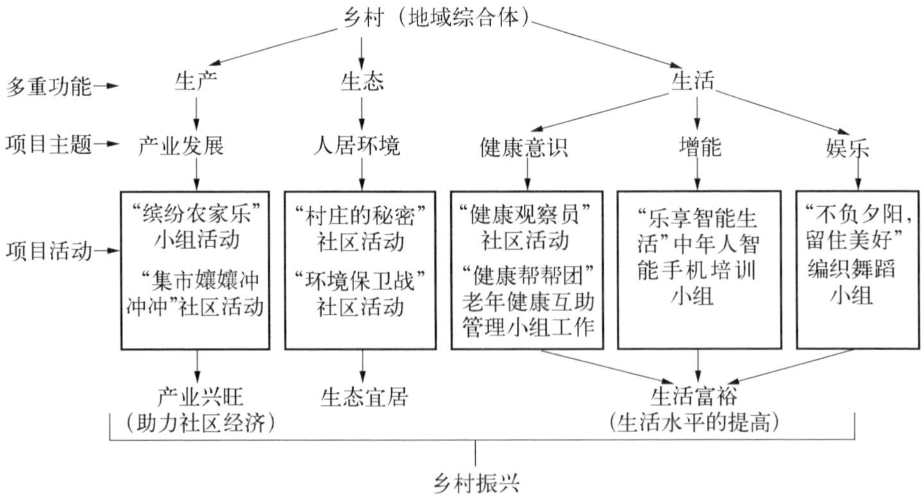

图 4-5　“三村”服务思路和项目框架

第二节　从“缤纷农家乐”到“村庄集市改造”：增能社区经济

在“一镇带三村”项目中，目前仅大坝者村形成了一定规模的产业，其中农家乐和集贸市场是两大主要产业。凤梨小组成员重点挖掘村庄内的优势资源，如自然资源、村民才能、基础设施以及政府和企业的支持等，在此基础之上通过“缤纷农家乐”小组工作和“集市嬢嬢冲冲冲”社区工作的开展，提高村民参与发展社区经济的积极性，具体包括观念的转变和能力的提升。此外，该小组尝试在农家乐群体和集贸市场摊主之间分别建立交流合作平台，通过发挥村庄各个层面的优势并凝聚力量，为整体社区经济增能。

一、社会经济概况

大坝者村位于凤龙湾小镇核心区南侧。该村受凤龙湾特色小镇景区的影响最为深远，中青年人多在景区中打工，职业类型包括清洁工、保安和驾驶员等。除了就业方面的影响，大坝者村的村民目前已经开设了 4 个农家乐、1 个草莓采摘园和 1 个垂钓体验区，由村委会组织建设的集贸市场也已经投入使用，表 4－4 为农家乐基本情况。

表 4－4　大坝者村农家乐基本情况

名称	建筑类型	已有项目
永庆春客栈	四层楼房	餐饮、住宿、草莓采摘
四方农家乐	二层楼房	餐饮

续 表

名称	建筑类型	已有项目
香椿苑饭店	一层平房带院子	餐饮、蔬菜采摘
清晨农家乐	平房带院子	餐饮

调研发现，大坝者村紧邻凤龙湾特色小镇正门，具有明显的地域优势和环境优势，同时具备多元的社区资产。自然资源和物质资产可称为社区资产中的“硬件”。大坝者村具有丰富的自然资源，如漫山遍野的松果和新鲜的蔬菜等。在凤龙湾小镇开发的过程中，村庄的基础设施逐渐完备，道路硬化、房屋改建和集贸市场建设基本完成，村史馆、旅游公厕和活动广场均已在建设之中。村民具备多样技能，包括建造、木工和种植等，并且在现阶段已经开始以积极的态度接受乡村产业转型。正是基于上述优势和资源，大坝者村出现了从传统农业向旅游商业转型的趋势。与此同时，一些转型时期的问题与需求也暴露出来。

大坝者村距离景区正门最近，过往游客量大，基础设施较为完善，村庄餐饮和土特产交易已初具规模。然而，村民在面对产业转型时，存在观念保守、适应性弱、相关能力（如服务经营、游客接待和讲解说明的能力等）缺乏等问题，因此产业发展过程中村庄自身的特色资源没有得到充分利用。此外，村民之间缺乏有效沟通与交流的平台，难以形成合力共建家乡。

从这些实际情况出发，凤梨小组计划一方面以农家乐经营者和工作人员为服务对象，从增进沟通、提升服务经营能力和强化服务经营理念等方面开展小组工作；另一方面以集贸市场摊主为服务对象，从提高解说能力和建立自组织等方面开展集贸市场改造社区工作。

二、沟通合作、服务经营与农家乐特色化

1.“缤纷农家乐”的服务计划

(1) 服务目标

总目标：建立农家乐群体之间的沟通合作平台，更新农家乐经营者的服务经营理念，增强其服务经营能力，促进农家乐特色化发展，助力社区经济发展。

具体目标：增强农家乐经营者的服务接待能力；建立农家乐例会制度，增进相互之间的交流与合作；提高农家乐群体对于可持续化和特色化发展理念的认可程度；识别每个农家乐的优势和特色，并成功完成1～2种特色装饰的布置；初步形成共建共享理念，更好地服务村庄发展。

(2) 实施阶段

“缤纷农家乐”活动安排见表4－5。

表4－5　“缤纷农家乐”活动安排

活动环节	目标	具体内容	其他
第一节：相聚农家	(1) 建立关系； (2) 认识交流的重要性； (3) 了解小组工作的具体内容； (4) 签订小组契约； (5) 增进交流与分享，了解农家乐经营中存在的问题	(1) 凤梨小组成员和农家乐经营者分别自我介绍； (2)“拼拼乐”游戏； (3) 凤梨小组成员说明活动内容，解答并答疑； (4) 制定小组契约； (5) 情景模拟“农家乐的一天”，比较日常经营与假日经营，农家乐经营者交流自己遇到的问题与烦恼； (6) 活动总结	游戏规则：农家乐经营者拼出规定形状，需要不同形状的纸板，每方拿到的纸板都不能完成任务，只有和其他队进行交换才可完成。最先想到交换且最先完成的获胜

续 表

活动环节	目标	具体内容	其他
第二节：待客之道	(1) 回顾上一节活动，明确本次活动目标； (2) 认识到“共好”和“合作”的重要性； (3) 增进交流，建立讨论机制； (4) 提高工作人员的服务接待能力	(1) 凤梨小组成员回顾上节活动，说明本节活动； (2) “踩报纸”游戏； (3) 探讨例会制度的建立； (4) 观看农家乐案例视频； (5) 情景模拟“待客之道”，依据上一节活动中所讨论的问题情境，演绎可能的解决方案； (6) 总结分享	游戏规则：分为两组，每组一张报纸，将报纸铺平，所有农家乐经营者均有一只脚踩在报纸上，不断增加难度，将报纸进一步对折
第三节：各有千秋(一)	(1) 回顾上节活动，明确本节活动目标； (2) 互动交流，认识到特色化的重要性； (3) 协助农家乐经营者发现自家农家乐的特色和优势，共同讨论，提出建议	(1) 凤梨小组成员回顾上节内容，说明本节活动内容； (2) 展示多张图片、多个案例对比； (3) 轮流观察各个农家乐，并品尝它们的特色菜； (4) 农家乐经营者进行分享，凤梨小组成员总结； (5) 凤梨小组成员布置作业：拍摄农家乐特色点，并思考如何发挥自身特色和优势	
第四节：各有千秋(二)	(1) 回顾上一节活动，明确本节活动目标； (2) 识别各个农家乐的特色和优势； (3) 讨论与交流	(1) 凤梨小组成员回顾上节内容，说明本节活动内容； (2) 以图片的形式展示上节活动中两个农家乐的特色； (3) 轮流观察各个农家乐，并品尝它们的特色菜；	

续　表

活动环节	目标	具体内容	其他
		(4) 农家乐经营者分享，凤梨小组成员总结； (5) 凤梨小组成员布置作业：拍摄农家乐特色点，并思考如何发挥自身特色和优势	
第五节：秀出花样	(1) 回顾上一节活动，明确本节活动目标； (2) 回顾其他成功案例的做法，明确农家乐各自的特色和优势； (3) 增进交流合作； (4) 讨论如何打造特色化农家乐	(1) 凤梨小组成员回顾上节活动，说明本节活动； (2) 观看农家乐视频和特色化改造案例； (3) 利用照片呈现四个农家乐的特色和优势； (4) 农家乐经营者分别提出自己的农家乐的特色化打造想法，其他农家乐经营者分享自己的意见； (5) 凤梨小组成员记录并总结； (6) 布置作业：进一步完善改造方案	凤梨小组成员注意强调整体设计方案的协调性；装饰制作在小组活动时间外完成
第六节：展望未来	(1) 回顾之前的活动，明确本节活动目标； (2) 展示活动成果； (3) 巩固活动成果； (4) 农家乐经营者分享，总结与评估	(1) 凤梨小组成员简单回顾之前所开展的活动并说明本节活动； (2) 播放活动成果照片，包括农家乐前后照片对比； (3) 强调例会制度的执行； (4) 讨论其他可实行的特色； (5) 农家乐经营者分享活动感受与收获； (6)“信展未来”：写下对未来的期待； (7) 总结评估	

2.“缤纷农家乐”的小组活动过程

在第一节小组活动中，活动内容主要包括建立关系、签订小组契约、了解农家乐经营中遇到的困难与问题。在小组契约的签订过程中，所有农家乐经营者都非常认可“互相尊重”“积极分享”“良性竞争”三条小组规范，这为小组凝聚力的形成、交流合作平台的搭建和小组总目标的实现奠定了坚实的基础。在关于农家乐经营问题的分享中，农家乐经营者们共总结了五个方面问题：一是如何满足游客多样化的需求；二是如何改进看菜点单的形式；三是如何规范游客的行为；四是希望农家乐建立例会制度，增进交流与互助；五是如何丰富农家乐的活动。这些问题将有助于丰富后续小组活动的内容，解决具有更强针对性的问题与需求。

在第二节小组活动中，活动的内容主要包括初步探讨例会制度的建立、商讨统一定价和相关事宜、通过情境演练解决农家乐经营中遇到的困难。关于例会制度，所有农家乐经营者均表示，有一月召开一次例会的必要性，同时希望成立一个农家乐组织，建立共同交流的平台，制定相关的规则和制度。最后，他们达成一致，推选出了会长与副会长。但是，据凤梨小组成员的细致观察，部分农家乐代表似乎并不满意这种结果。凤梨小组成员一致认为，这一关系复杂的利益问题交由农家乐经营者们内部解决较为适宜。在农家乐组织建立的过程中，凤梨小组所发挥的主要作用应该是联结、沟通和提供信息。本节活动中，凤梨小组的领导模式渐渐向小组中心模式转变，内容以农家乐经营者交流和分享为主，小组冲突部分显现，但仍在预料之中。部分农家乐经营者建议，所有农家乐经营者之间能够互相品尝并评价特色菜，交流各家特色与各自的经验。这一形式可以结合“识别各家特色和优势，促进交流与合作”这一目标开展，为后续活动的开展提供新的思路。

在第三节小组活动中，活动内容主要是农家乐经营者分别取两个农家乐的特色菜和拿手菜，互相点评并分享经验。虽然在交流的过程中可能会发生争执和冲突，但是这些问题可以由农家乐经营者自行解决，无须他人多加干预。值得一提的是，互相点评和建议可能会出现得罪他人和不给情面的情况，但是四个农家乐经营者均表示，相聚在一起的目的就是促进交流，敢说话是关键。由此可见，农家乐的交流平台已经初步搭建起来。

在第四节小组活动中，活动内容和目标与第三节小组活动的基本相同，即互相品尝特色菜并分享感受与建议，以及交流与特色打造相关的事宜。通过连续两节小组活动的开展，凤梨小组成员观察到四方农家乐、清晨农家乐和香椿苑饭店的经营者之间的关系紧密，而永庆春客栈的经营者与他们之间的关系相对疏远。具体原因包括两个方面：一是四方农家乐、清晨农家乐、香椿苑饭店的经营者之间存在一定的亲戚关系并且均为本村人；二是永庆春客栈的经营者属于年青一代，是与社区居民委员会主任的女儿结婚后才留在村中经营农家乐的。如何增进永庆春客栈经营者与其他经营者之间的交流，需要凤梨小组成员的协调与干预。

在第五节小组活动中，活动内容主要为识别优势和提出特色改造方案。农家乐特色改造案例的选择是一个难题，因为国内成熟的农家乐案例并不适合当下大坝者村的发展现状。因此，基于农家乐经营者的已有优势，凤梨小组成员讨论后提出了以“艺术＋环保＋教育”为主要改造方向，如图 4－6 所示。

在第六节小组活动中，活动内容主要是回顾之前所有活动内容，展示活动成果，确定社区导览地图的制作方案，以及农家乐经营者分享感受。首

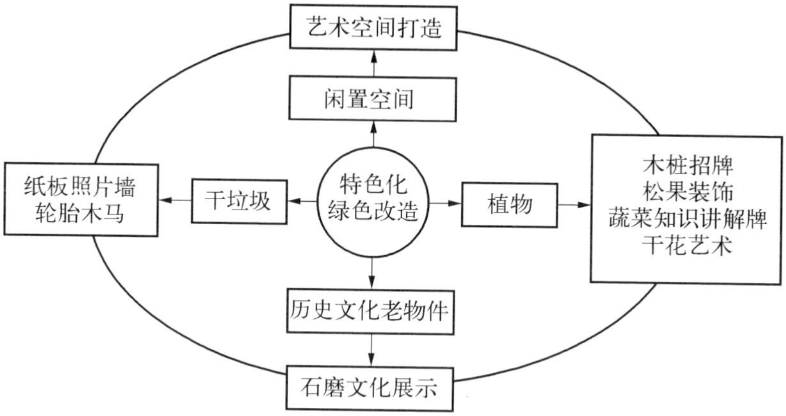

图 4－6　特色改造方案

先，凤梨小组成员通过以往的活动照片引导大家回忆之前的活动内容和收获，重点强调例会制度的可持续性、明确具体的操作方案（在之前的活动中已由农家乐经营者商讨决定）。其次，凤梨小组通过对不同的照片进行对比，展现特色改造的成果，引导农家乐经营者思考更多的以“自然＋废弃物＋艺术＋教育”为主题的可行性改造方案。最后，凤梨小组成员再次与农家乐经营者讨论社区导览地图的相关事宜，并明确了最终的方案。有农家乐经营者表示，社区导览地图的制作经费可以由各家农家乐平均分摊。这实际上也体现了“缤纷农家乐”小组的目标之一，即初步形成社区经济意识和提高服务村庄的意愿。虽然社区导览地图对农家乐也是重要的宣传载体，但更多的是为了呈现出整体村庄的特色产业、资源和优势。图 4－7 为凤梨小组成员活动合影。

此次小组活动的另一项内容是以香椿苑饭店为例阐述特色装饰制作过程。该饭店的特色装饰包括松果装饰和植物知识挂牌。在松果装饰的制作过程中，经营者夫妇二人统筹店内可利用的废弃物，包括纸箱、松果、布料和

图 4-7　凤梨小组成员活动合影

铁丝等，发挥经营者夫人的手工制作优势，制作完成多款装饰物。由此可见，在所有制作过程中，经营者夫妇二人积极参与，整合已有的自然资源和废弃物，有利于打造具有特色的农家乐以及营造友善的生态环境，如图4-8、图4-9所示。

图 4-8　凤梨小组成员参与废弃物特色改造

图 4-9 废弃物特色改造部分成果

3. 总结反思

"缤纷农家乐"经营者大多是农家乐的从业人员，不属于传统意义上的社会工作者所服务的弱势群体。因此，在服务设计和开展的过程中，凤梨小组成员可能会存在如何应对"社会公正"这一价值观的难题。针对此难题，凤梨小组成员主要有两个方面的解释。第一，社会公正是一个多层面的概念，不仅仅针对贫穷、失业和疾病等。在本次小组工作开展的场域中，农家乐的从业人员也可以称为“弱势群体”。在“一镇带三村”的项目中，大坝者村正处于传统农业向旅游业和服务业转型的过程之中，村民的经济情况整体上有所提升。村民在此次由政府和企业推动的被动的转变之中面临着观念转变和能力提升等多方面的需求。更重要的是，大坝者村紧邻凤龙湾特色小镇景区，景区内外的互相平衡、互相影响是一个不得不面对的重要问题。因此，在适应产业转型的背景下，农家乐从业人员是需要帮助的人。第二，在小组活动内容的设计中增设“初步形成共建共享概念，提高服务村庄的意愿”这一目标，以应对可能存在的伦理困境。不可否认的是，农家乐从业人员的确是村庄中经济实力相对较强的群体。我们希望通过设立这一目标，使得农家乐从业人员在参与活动的过程中，建设家乡和服务家乡的意愿有所提升，如由农家乐从业人员出资帮助个别困难对象或协助村庄建设项目。

在小组活动过程中，我们不应当忽视的一个重要系统是社会工作者系统，凤梨小组自身的能力和优势是影响活动设计和开展的重要因素。如“缤纷农家乐”小组工作中多处涉及艺术改造和手工制作等技能，如果社会工作者在这些方面不具备一定的知识和能力，后续的活动就难以成功开展。

三、“集市嬢嬢冲冲冲”与集市改造

1. “集市嬢嬢冲冲冲”服务计划

（1）服务目标

直接目标：对集贸市场进行改造，协助打造干净整洁、具有知识性和趣味性的集贸市场；提升集市摊主对于自己所售卖东西的解说能力，帮助集市创造更高的经济效益；在活动的过程中助力乡村集市自组织的成立。

间接目标：在集市改造的过程中助力乡村环境的改善和治理，改善乡村人居环境；提升乡村集市的竞争力，助力乡村经济发展；加强集市摊主间的交流，建立起良性共进的关系网。

（2）准备阶段

现存问题的解决：邀请大坝者村的村民和集贸市场的摊主共同探讨目前存在的问题，如集贸市场垃圾处理问题等，引导摊主提出想法和解决方案。

集市特色的打造：收集并整理摊主规划方案，对集贸市场进行改造；协助打造干净整洁、具有知识性和趣味性的集贸市场（如在市场中可以设立多个知识牌、摊主化身为导览员讲解菌菇的相关营养知识和植物特性），突出自己所售卖商品的优势。

自组织的建立：商讨集市公约的内容条例，协助建立以摊主为主体的自组织，形成协商互助的团体。

（3）实施阶段

“集市嚷嚷冲冲冲”活动安排见表 4－6。

表 4－6 “集市嚷嚷冲冲冲”活动安排

活动环节	目标	具体内容	其他
开场	开场，活跃气氛	邀请村领导进行开场发言	
回顾	回顾前期成果	凤梨小组成员回顾前期完成的工作，包括集市改造等	
热身竞赛	活跃现场气氛	夹玻璃弹珠和乒乓球游戏	奖品覆盖所有参与人

续　表

活动环节	目标	具体内容	其他
展示	展示摊主的解说能力	不同售卖物的摊主派代表进行售卖物品的知识性解说展示	活动开展前期就确定参与人并进行准备
成立与庆贺	巩固活动成果	进行集市自组织成立和“大坝者乡村集市日”的庆贺	
公约	制定集市公约，形成公平公开的集市氛围	集市摊主在集市公约中签字并展示于集市门口	前期就可以签字，避免拥挤
总结	总结与评估	对于活动的举办进行总体性的总结并拍照留念	

2.“集市嬢嬢冲冲冲”的社区服务过程

在关于如何提高摊主对所售物品相关知识的掌握程度时，我们遇到了一个困境，即集市摊主多为不识字的中老年人，对于标牌上所呈现的内容无法全面了解。针对这一点，我们首先了解摊主的知识储备情况（大多来自生活经验），其次借助标牌制作的机会将摊主多年来积累的经验与系统化的知识相结合，并进一步传授给摊主。

标牌制作是集市改造的主要内容，采取“DIY＋艺术”的形式展开。为了拓宽摊主的可参与范围，激发集市摊主的参与积极性，我们将改造任务进行了细致分工，文字部分由我们或相对年轻的摊主完成，文字勾边、简单涂鸦、钉子安装和木板裁剪等任务则全部由村民完成。在摊主进行文字勾边等美化工作的过程中，我们以口头讲解的方式再慢慢将标牌上所呈现的相关知识教给摊主，促使摊主进一步内化所习得的知识，从而能够为游客做清晰的介绍。最终，通过标牌的设立和摊主的解说为游客呈现出一个更具当地特色的学习型集贸市场，转变传统印象中的邋遢杂乱的集市形象，让“游玩+学习”成功结合起来。（见图 4－10 至图 4－13）

图 4－10　摊主参与标牌制作

图 4－11　摊主尝试解说商品

图 4－12　凤梨小组成员与部分集市摊主合影

图 4 - 13　部分集市改造成果

集市改造的过程其实也是一个整合资源和建构信任合作的过程。在制作标牌的过程中，集市上的孃孃们不再以小群体的形式活动，能够以相同的目标共同投入集市的改造之中，互相交流，提出建议。此外，在凤梨小组的引导下，村民们逐渐形成了共同认可的集市公约，促进了集贸市场的良性发展，也能助力村庄经济的发展。遗憾的是，因为少数摊主之间存在难以调节的利益纠纷，所以集贸市场自组织并未正式建立。

3. 小结

整体活动的准备过程和开展过程都较为顺利，需要强调的是，活动的整体设计与参与应该以村民为主体。因此，如何调动村民参与的积极性是不可回避的问题。村民参与的前提是具备可参与的内容，这就需要凤梨小组成员主动询问村民意见，了解村民的才能，在与村民协商的基础上提出可行的改造方案和较为细致的责任分工。此外，制作标牌并非活动的最终目标，向集市摊主传达本地特色的重要性以及可持续发展的理念是一项重要的任务。不同摊主售卖相同产品必然会引发利益纠纷，从而影响整体集市的互助氛围。在我们的实践中也出现了这样的问题，但尚未找到有效的解决办法，有待后续更进一步研究与探讨。

第三节　“健康帮帮团”：中老年人的健康互助管理

一、中老年人的健康管理服务需求

老年人健康问题日益严峻。2016 年发布的《中国老年社会追踪调查》研究报告显示，在身体健康状况方面，75.23%的老年人自报患有慢性病；2%的老年人重度失能，人数约有 444 万人。在心理健康方面，近三成老年人有不同程度的孤独感，独居老人的孤独感较为严重。而城乡社会经济发展的不平衡又使得农村地区医疗服务资源相对短缺，我国农村老年人的健康问题尤为严峻。

2015年，由全国老龄工作委员会办公室组织实施的第四次中国城乡老年人生活状况抽样调查公布的数据表明，中国城乡老年人的健康差距明显。

我们在调研走访“三村”的过程中发现，“三村”不同程度地出现了空心化现象，其中老村子村最严重。老村子村共有141个村民，但是多数较为年轻的村民长期在外地打工，所以常住居民仅有48人，其中60岁以上人员有26人。村中很多老年人患有肺气肿、高血压、颈椎病等慢性病，日常护理知识较为缺乏，也几乎没有监测自己健康情况的想法。大坝者村的情况也较为相似。除了自然衰老带来的生理机能减退，老村子村和大坝者村的老年人中患有老年慢性病的现象也较为普遍，其中最常见的老年疾病为风湿病、关节病、脊椎病、脑梗和糖尿病等，身患高血压的老年人占比为40%左右。此外，飞速发展的社会变迁也使得农村传统的家庭养老链变得十分脆弱，年青一代大多外出务工，让本应由家庭成员承担的部分养老重任无人担起。农村贫困老人大多无人照料，独居老人和留守老人增多，只能低水平地自给自足，由此容易出现因病返贫、感情支持和健康意识缺乏等问题。这些老年疾病极大地影响了他们生活质量的提升。需要指出的是，健康意识缺乏问题也呈现出多样化的特征。首先，老年人对自己的身体健康状况不关心、不重视，认为只要不患重病，就算是相对健康了。老村子村和大坝者村的老年人普遍对自身健康状况缺乏较为全面的认识，只了解一些较为严重的老年疾病，只有极少数老年人有健康体检的意识。其次，老年人缺乏主动维持健康和预防疾病的信念，只有等患病后才会看病吃药、接受治疗。老年人在闲暇时间大多通过聊天、闲逛来打发时间，缺乏主动运动健身的意识，也缺少预防疾病的理念和方法。

农村的老年人之所以会处于弱势地位，健康状况差，主要有两个方面原因：一是他们长期生活在经济欠发达又缺乏各种机会的社会环境中，如村内虽然有医务室，但无人愿意前往问诊。这使他们对于健康生活可望而不可即，从而产生无力感和无能感。二是他们缺乏健康保养的知识、意识和理念以及参与健身活动的机会。

在此基础上，凤梨小组开展了健康管理活动主题需求的访问调查，并向村干部积极了解情况。需求调查结果显示，村庄中的老年人希望了解健康保养知识，包括一些慢性病日常管理的知识、农村医疗保险报销的知识等。村干部也表达了对村庄人口老龄化和老年人的健康问题的忧虑。凤梨小组成员结合村庄留守老人较多、年轻照料者较少的实际，试图通过此次活动进行健康管理教育，同时引导村庄中老年人形成联结的互助管理模式。综上所述，凤梨小组以“健康管理”为主题开展小组活动和社区活动，在教授基础保健知识的同时，培养老年人监测身体数据的良好习惯，促进老年人增强健康意识，做好自我健康管理，在村庄老年人中形成了互助管理模式。

二、“健康观察员”与“健康帮帮团”

凤梨小组在村庄需求调查的基础上，讨论设计了两个主题活动：一是以健康管理为主题的小组活动，主要在老村子村开展；二是以健康数据监测为主题的社区持续性活动，在老村子村和大坝者村开展。

首先，关于健康数据监测的社区活动，凤梨小组商定了“健康观察员”的社区活动，其目的在于增强老年人的健康意识，调动老年人运动健身的积极性，增进老年人之间的联系与互助。具体目标包括增加老年人日常保健的基础知识，提高老年人对常见疾病的知晓率，让老年人能够学习并掌握手指操，使其形成日常监测身体数据的习惯，促进老年人之间的交流。服务对象为老村子村60岁及以上村民，共计20人左右，以及大坝者村60岁及以上村民，共计20人左右。

活动的详细计划见表4－7。

表4－7　活动计划

活动环节	活动目标	活动内容
开场白	介绍活动内容目标	(1) 凤梨小组成员自我介绍； (2) 介绍本次活动内容
身体检查	进行血压、血糖的检测，筛查高风险人群	(1) 测量血压、血糖； (2) 讲解高血压、高血糖的注意事项
趣味健身	活跃气氛，增加日常保健知识	(1) 手指操教学； (2) 夹弹珠/乒乓球； (3) 套圈
知识讲解	补充护理保健知识	(1)“看图猜猜猜”：根据图片，猜测常见疾病； (2) 通过案例讲解常见疾病的预防与护理； (3)“益起连线”：将疾病与相对应的知识点连线
总结分享	总结活动，分享	(1) 凤梨小组成员总结； (2) 村民自由分享； (3) 拍照留念

注：分别在老村子村和大坝者村招募和培训1名志愿者，学习使用电子血压仪。设立公益血压测量点，拓宽了村民日常获取身体健康数据的渠道，协助老年人养成身体数据监测的良好习惯。此外，志愿者还将设计以记录血压数值为主的健康记录本，便于村民了解自身血压值的变化。该活动计划开展多次。

其次，关于健康管理，凤梨小组商定了“健康帮帮团”的小组活动，目标在于增强老年人的健康管理意识，消除影响老年人健康的危险因素，促进社区内老年人自我管理、互助管理。具体内容包括指导老年人学习并掌握基本的健康管理知识与技能，帮助老年人改变不健康的生活方式和行为习惯，形成良好的健康保健意识并进行医疗保险方面知识的补充；促进老年人交流分享，活跃小组的团体氛围与集体意识，丰富他们的精神生活，满足他们对心理健康和社会交往的需要；构建老年人间的小组支持系统，扩大他们的社会支持网络，协助他们建立老年人健康管理自助小组，运用小组的力量提升老年人应对疾病和衰老的信心与能力；提高老年人社会参与的积极性，增强其社区归属感，激发老年人"老有所为"的潜能与价值，提升他们的积极老龄化水平，增进他们之间的联系与交流。服务对象为老村子村 60 岁及以上患有慢性病或过往疾病对当前生活仍有严重影响的老年人 8 至 10 位。

活动计划见表 4－8。

表 4－8　活动计划

活动节次	目标	具体内容
第一节：健康共成长	（1）促进老年人间的互动与了解； （2）制定小组规范； （3）促使老年人对健康管理形成初步认识	（1）老年人用一种长寿动植物为自己命名，并分享新名字； （2）进行小组融入游戏，通过"人体拼图""健康状态——你演我猜"等小游戏带动小组气氛； （3）引导老年人分享游戏后对于健康与疾病的感受，并带领他们讲述自己的健康期望； （4）向老年人明确小组总目标后，介绍小组的互动情况与时间安排，在讨论中确定小组规范和惩罚措施
第二节：健康初体验	（1）促进老年人了解健康知识； （2）帮助老年人辨识影响自己健康的危险因素	（1）向老年人讲授慢性疾病（心脑血管疾病、糖尿病、呼吸系统疾病和高血压等慢性病）的预防与治疗； （2）收集老年人的健康管理信息，包括个人生活习惯、生活环境等基本信息；

续　表

活动节次	目标	具体内容
		(3) 利用纸板做的假人向老年人介绍人体构造； (4) 社会工作者向老年人介绍健康生活的标准，带领他们找出生活中的危险因素(错误的生活习惯和不良的生活环境)，并鼓励他们加以纠正
第三节："健康帮帮团"	(1) 促进组内老年人的直接互动； (2) 提升老年人的互助意识； (3) 建立组内老年人互助支持网	(1) 巩固上节活动健康知识的学习成果，带领老年人找出影响健康的危险因素，归纳汇总老人们共同的危险因素，并将按存在共同危险因素的类别给老年人分组； (2) 进行健康培训，引导老年人分析自己的错误习惯，并找出避免错误习惯的措施，鼓励他们分享参加小组讨论的感受。社会工作者讲解不良生活习惯和生活环境对身体的危害
第四节："健康帮帮团"助我健康	(1) 促进老年人日常健康行为习惯的养成； (2) 促进组内老年人的直接互动； (3) 巩固建立组内老年人的互助支持网	(1) 带领老年人进行习惯改变的分享。社会工作者在小组活动进行前带领他们对上一节活动后的危险因素改变情况进行交流； (2) 根据上次活动形成同类生活习惯的"健康帮帮团"组织，鼓励老年人相互监督、相互服务，并为各组取名字进行成立庆贺仪式； (3) 进行各小组"定时计数夹弹珠"的比赛，比赛在同时段内哪个老年人夹入的弹珠多，促成各小组形成小组意识并促进团结； (4) 督促老年人相互监督对方形成每个星期测　次血压的健康监测习惯，并鼓励他们之间形成互助行为，比如在日常生活中为他们按摩等行为，同时帮助他人形成良好的健康生活习惯； (5) 分发准备的草药包，引导老年人开展一些养生活动

续 表

活动节次	目标	具体内容
第五节："医保政策"我知道	（1）为老年人补充农村医疗保险方面的知识，减少其在进行医疗救治中的疑惑； （2）鼓励老年人进行必要的健康管理行为； （3）减轻因费用负担不愿就医的想法	（1）引入主题，询问老年人在生病住院时是否存在对于农村医疗保险政策不清楚的情况，或者存在因为担心费用而在生病之时不选择去医院进行科学救治的情况（前期需求调查中很多村民提到此问题）； （2）社会工作者邀请乡镇卫生院的医生进行医疗保险政策的解答（如邀请较难，便由社会工作者进行此方面知识的补充）； （3）讲解报销的流程和可借助的资源，并鼓励老年人增强对国家医疗政策的信心，尤其是对慢性病用药将进医疗保险报销范围这一点进行强调，鼓励他们在必要时选择科学的救治方式
第六节：健康冲冲冲	（1）处理老年人的离别情绪； （2）巩固老年人的健康管理知识； （3）强化老年人的健康管理和监督互助意识	（1）社会工作者邀请每一位老年人分享自己的小组活动感受和对健康管理的反思； （2）社会工作者邀请那些改变日常不健康生活习惯的老年人进行分享，向他人传递个人发生改变的信息，巩固大家追求健康、长寿、过有质量的晚年生活的信心，鼓励他们在生活中积极地改变威胁自身健康的危险因素； （3）发放为老年人定制的健康日历，其内容包括他们存在的健康问题及注意事项，监督其改变； （4）为老年人建立约束制度和互助体系，邀请他们进入小组活动后续监督中，促进他们对自身健康和组内其他成员健康进行监督和帮助

三、从自我健康管理到互助健康管理

“健康观察员”社区活动分别在老村子村和大坝者村开展，但是活动成效却有所不同。老村子村的老年人闲余时间较多，可以充分地与我们交流，一起学习健康知识和手指操。然而，大坝者村的中老年人忙于自己的生意和工作，没有多余的时间充分参与，有时即使参与活动的人数较多，但参与时间较短。对此，我们需要反思的是，虽然两村具有相似的需求，但是基于村庄不同的情况，具体的活动设计也应有所区别。总体而言，服务对象均为60岁及以上的老年人，文化程度相对较低，但对一些常规性的保健知识均已掌握，比如高血压患者的动作应当缓慢一些。培养服务对象血压数值的监测习惯是本次社区活动的重要目标之一，然而村民们起初前往公益血压测量点的意愿并不强烈。这一现象产生的原因可能有以下三点：第一，村民前往公益测量点是对志愿者日常生活的一种打扰，他们不愿意麻烦他人；第二，村民对于血压测量点的知晓率较低；第三，村民尚未认识到日常监测血压的重要性。

为老年人提供身体数据监测也是“健康观察员”的社区活动最为重要的一环。活动结束后，凤梨小组已经在老村子村和大坝者村分别成功招募并培训了1名志愿者，通过设立公益性的血压测量点的形式帮助老年人测量血压；同时设计血压记录本，帮助长者记录身体数据，关注保健事项。血压测量累计服务人数约60人，基本覆盖两村约80%的在村老年人，其中重点筛查出高血压患者6人。此活动有助于村民实现血压测量的自主管理和自主监督，提高村民参与的主体性，增进村民之间的联系与互助。

“健康帮帮团”小组活动全程参与人数维持在13人左右，其中每次活动按时参与并能积极参加活动环节的有9人。活动的目标实现度较高，推动了健康知识的传递，一半以上的老年人养成了定期关注身体数据和泡脚等健康养生习惯，并在小组活动开展的过程中进行了健康危险因素和不良就医方式的识别。最终，大约四分之三的老年人结对互助监督，辅助性工具的应用提高了活动成效。

在“健康观察员”社区活动和“健康帮帮团”的小组活动实施中，人们遇到的主要困难是，在所有老年人知识水平有限的情况下，如何将健康知识快速有效地传授给他们。对此，凤梨小组的解决方案是通过图片和模型的形式将复杂的健康知识简易化。（如图 4-14、4-15、4-16、4-17 所示）

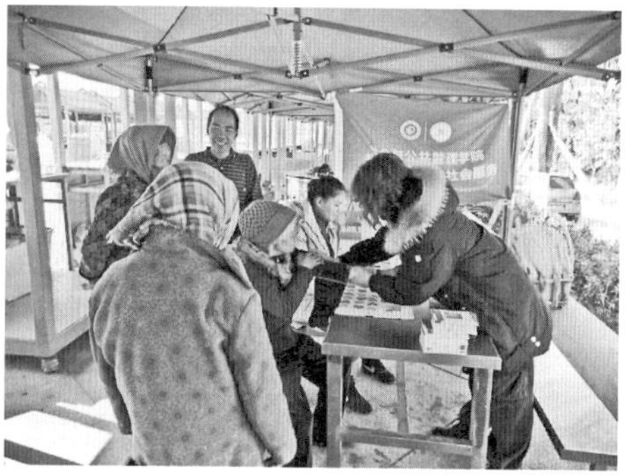

图 4-14　“健康观察员”社区活动

图 4-15　与参与对象进行游戏

图 4-16　小组活动中制作的“假人”

图 4－17　“健康帮帮团”合影

四、小结

辅助性工具的运用是非常重要的。在农村社区开展老年人相关活动，容易遇到老年人知识文化水平有限而产生的双方在交流知识和传递信息方面的问题。一般来说，社会工作者在设计方案时，方案是很契合需求且内容饱满的。但是在实施阶段，面对理解能力有限、知识储备较少的服务对象，如何尽量提高这种知识传输的有效性，是很有挑战性的。这些以老年人为服务对象的活动，让我们在实践中体会到了辅助性工具使用的重要性，以一些图示，或是以草药泡脚这样亲身体验的方式，可能更有利于服务对象的理解和接受。

在“健康观察员”社区活动和“健康帮帮团”的小组活动实施中，尤其是在帮助村民测量血压和为他们讲解健康知识的过程中，社会工作者的专业身份呈现出模糊的特征。部分村民难以区分社会工作者与医生之间的差异，在参与活动时希望向我们咨询更多的专业性治疗建议。对此，可能的解决方法是多次向村民强调和澄清社会工作者的角色与活动目标。然而，从实际情况来看，由于社会工作者在农村的知晓度非常低，如何凭借专业的身份开展服务是当今中国社会工作者应当思考的问题。

活动成效的测量是农村社会工作的一个难题，也是我们在服务过程中遇到的一个问题。社会工作服务的成效往往是个人或群体的潜在改变，看不见也摸不着。在本次活动中，我们试图将这种改变可视化，如健康记录本上记录的数据，这些是活动的产出同时也是活动成效的证明。此外，由于村民普遍缺乏足够的识字能力和填表能力，因而标准化和结构化的问卷缺乏一定的可行性。对村民进行访谈是一种可行的方法，但是鉴于服务对象可能存在的感激心理，如何利用访谈法呈现出活动的真正成效又是一个挑战。

第四节　“环境保卫战”：生态文明的社区行动

大坝者村在推进旅游产业发展的同时，也引发了由垃圾处理而产生的矛盾。凤梨小组以“社区环境”为主题，将大坝者村的“无用之物”（如咖啡渣、松果和农作物等）转变为可利用的资源，通过主题为“艺术＋植物＋废弃物”的活动，村民在参与的过程中逐渐强化了环保意识，掌握了垃圾再利用技巧，最终有助于促进生态文明社区的创建。

一、旅游产业发展引起的人居环境议题

如前文所述，大坝者村的旅游产业已初具规模，游客量与日俱增。在商业化的影响之下，大坝者村的人居环境逐渐开始变得脏乱，出现了乱扔垃圾、垃圾处理不当、建筑垃圾随意堆放以及垃圾量增加等现象，其中一个突出的矛盾便是目前村庄的垃圾处理能力已经难以有效应对日渐增长的垃圾量。对此，政府已经在筹备建造垃圾处理池，但是仍需多年时间才能完成。在大众的认知中，垃圾往往是“无用之物”和“废弃之物”，然而所谓垃圾和废弃物也可被视为一种资源，通过重新改造可再利用垃圾能够在一定程度上减少垃圾所带来的困扰。

针对上述问题，我们将以“环境保卫战”为主题开展社区活动，将垃圾等废弃物视为可利用的资源，动员村民通过艺术改造、晾晒处理等方式使得废弃物重获新生，从而增强村民的环保意识和责任心，助力友善生态环境的建构。

二、聚焦环保的社区意识与行动

1. 服务目标

总目标：引导村民发现和讨论村庄内的环境问题，增强其环保意识和行动力，最终促进村庄环保氛围的形成和生态环境的改善。

具体目标：增强村民的环保意识，使其能够觉察环境问题；增强村民维护村庄环境的责任感，并能积极劝阻他人的不良行为；村民能够通过废弃物的再利用来实施环境保护行为。

2. 实施阶段

“环境保卫战”活动安排见表 4－9。

表 4－9 “环境保卫战”活动安排

活动环节	目标	具体内容	其他
第一次活动	(1) 确立活动目标与内容； (2) 呈现村庄的环境问题； (3) 村民共同讨论，提出解决方案	(1) 社会工作者自我介绍； (2) 介绍活动内容； (3) 展示作品集，社会工作者简单介绍； (4) 村民在留言区分享关于环保的想法； (5) 村民与社会工作者一起讨论解决环境问题的方法； (6) 总结分享	前期需收集的村民关于“环境”主题的照片
第二次活动	(1) 确立活动内容与目标； (2) 识别可利用资源，收集废弃材料； (3) 学习和体验废弃物再利用的方法	(1) 社会工作者介绍本次活动内容； (2) 村民与社会工作者一起收集可利用的废弃材料； (3) 摆设“废弃物再生”摊位，展示树叶印模画、瓦片画、松果挂饰和咖啡渣除臭包等； (4) 总结分享	收集材料可分多个阶段完成，包含活动前和活动中

三、“社区环境保卫战”与生态文明建设

“环境保卫战”社区活动主要分为两个部分。第一部分主要是收集和展示村民关于环境主题的照片和绘画等作品，从村民的角度呈现村庄环境的优势和问题，最终以此为媒介探讨可能的解决方案。鉴于拍摄照片需要手机的辅助和相关的技能，这一环节将与“乐享智能生活”小组工作（见第五节）相联系，确保村民具备足够的技能参与社区活动。

本次活动共收集村民所拍摄照片 19 张，作品内容涉及植物、宠物、农作物、天空、食品和垃圾等，具体可见图 4－18。我们从村民拍摄和分享作品的过程中可以觉察到，他们对大自然具有强烈的感激之情，能够意识到保护环境的重要性，对于现阶段垃圾的处理方式存在一定的不满。针对垃圾处理

图 4－18　活动中村民所拍摄的照片

问题，村民们还提出了部分解决方案，包括主动清扫垃圾、设置多个垃圾桶和回收可利用垃圾等。

本次社区活动的第二个部分便是如何处理垃圾。活动共分为四个板块：咖啡渣除臭包、松果装饰、树叶拓印画和瓦片画等，见图 4－19。除了胶水和纸张等基本材料外，其余材料都来源于村庄中的废弃物品。当地村民在参与制作的过程中，不仅能够重新了解村庄中的资源，还能够增强环保意识，共同努力让废弃物重获新生(见图 4－20、图 4－21)。20 多份环保作品也

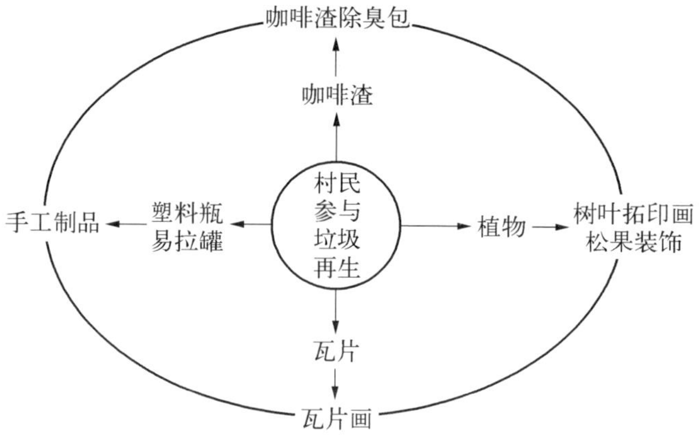

图 4－19 “垃圾再生”部分方案

图 4－20 当地青少年参与制作“植物拓印画”

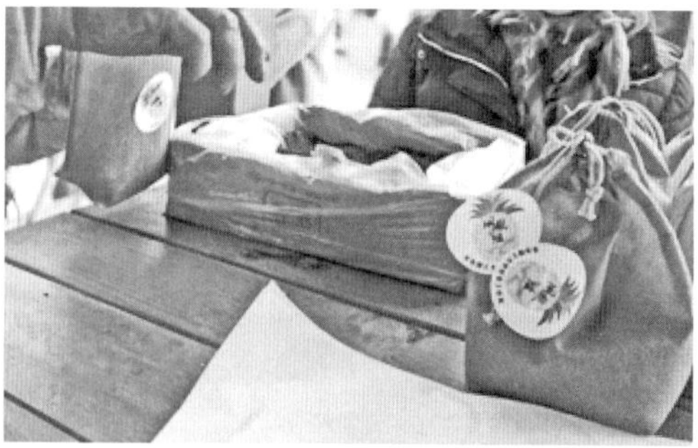

图 4－21 “咖啡渣”变身除臭剂

直观地体现出了村民的环保之心。在活动过程中，除了当地村民的参与外，还有4位游客的加入，由此可见部分村民与游客都愿意共同承担保护环境的责任。

四、小结

在“环境保卫战”社区活动中，我们遇到的主要挑战是如何确定废弃物品再利用的方案。废弃物品的再利用实际上需要丰富的创意和熟练的技巧，因此在方案的设计上我们主要借鉴了网上的相关案例，但这在一定程度上可能忽视了村民的想法。如在后续的活动中发现，村民利用易拉罐的底部制作去除土豆皮的简易工具，这其实也是一种废弃物再利用的智慧。

在此次活动中，村民们创造了大量的环保作品，遗憾的是我们并未考虑到如何更好地将作品及其内涵延续下去。对此，我们有两个方面的建议：一是将成功的作品摆放在待建成的村史馆中，这些作品是村庄环保文化的一种体现，同时也能够向游玩的旅客宣传环保意识；二是思考更多的可利用于村庄建设的废弃物再生的方案，从而提高全体村民的参与积极性。如利用矿泉水瓶制作道路标识，完善村庄基础设施。

值得一提的是，在农家乐特色装饰制作的过程中，村民们使用的主要材料同样是当地自然作物和无用之物；在集贸市场改造中，标牌的制作和设立也引导着摊主主动维护集市环境整洁，这些与“环境保卫战”社区工作目标的实现相呼应，有利于促进村庄整体生态环境的保护和生态文明社区的建设。因为农家乐和集贸市场作为大坝者村主要的产业经济，在创造经济效益的同时也生产了许多服务业垃圾。如何将这些垃圾重新利用和有效处理可以说是改善环境的重点之一。

第五节　“乐享生活”：舞蹈、编织与信息智能

一、“舞动生活”及其组织

大坝者村虽地处农村，距离市区较远，村民的知识水平也有限，但这些依旧不能阻挡村民们对生活的热爱。舞蹈是大坝者村的妇女辛苦劳作一天后最喜欢的休闲娱乐方式。大坝者村的妇女喜爱跳广场舞，在风梨小组进驻村庄之前，村庄有一支由 10 名爱好舞蹈的妇女自发成立的文艺舞蹈队。她们筹资购买音响、话筒和统一的服装。在农闲的晚上，她们相约在村庄的活动室里进行舞蹈学习和排练。当村内或邻村有欢庆之事时，她们也会被邀请去参加表演，用已排练熟悉的舞蹈为村民们带去欢乐。图 4－22 为文艺舞蹈队部分成员的合影。

图 4－22　文艺舞蹈队部分成员合影

文艺舞蹈队的带头人是56岁的孙孃孃，成员是村庄里其他对舞蹈有兴趣的妇女，年龄在40岁至70岁不等。孙孃孃喜欢广场舞和唱歌，很有舞蹈天赋，农闲时在家用手机自学舞蹈视频，学会后在活动室里教其他姐妹一起学习。然而，随着文艺舞蹈队的日渐壮大，许多问题也接踵而至。成员们挑选舞蹈时意见不合，有的学舞蹈时进度慢，跟不上。舞蹈队缺乏相关的约束和管理，加之孙孃孃身体不舒服，不能继续带领其他成员跳舞，文艺舞蹈队也慢慢解散了。

凤梨小组进驻村庄后，偶然了解到文艺舞蹈队的情况，对此产生了兴趣。我们通过知情人了解文艺舞蹈队的基本情况，再与带头人孙孃孃和其他成员建立关系，在此过程中梳理文艺舞蹈队的发展概况、解散缘由以及目前她们的想法和需求，进而设计初步的介入计划。同时，凤梨小组积极邀请文艺舞蹈队里的两名关键人物，每晚和她们一起在院子里练习1～2小时。音乐的声响吸引了部分村民前来观看，但她们担心自己年纪大跟不上节奏、觉得自己动作僵硬跳得不好看，不愿意动起来。这时，凤梨小组成员积极肯定和赞美村民，先做心理动员，接着和她们一起，一个步子一个步子地跟随带头人学习（如图4-23所示），队员之间也开始相互指导动作。

在凤梨小组成员带领下，每天晚上都会有固定的5名妇女来练习，院子里的气氛也变得活跃起来。慢慢地，新的问题开始出现。第一，新队员与老队员的诉求不一致，难以协调。新队员舞蹈基础差，喜欢学习适合锻炼身体的健身操，而老队员希望温习已经学过的舞蹈动作，但她们有一段时间没有跳舞了，动作也忘了一大半。两者诉求的不一致，让练习的气氛逐渐变得微妙。第二，缺乏有号召力的带头人和组织者。文艺舞蹈队原来的带头人身

图 4－23　在活动室练习广场舞

体欠佳不能继续带领队员进行舞蹈动作的练习，在现有队员中，又难以找到一个合适的带头人来组织文艺舞蹈队的训练。第三，智能设备使用能力不足。文艺舞蹈队的队员是村庄中的中老年妇女，文化知识水平有限，使用智能手机存在困难，如不会搜索舞蹈视频、不会下载或分享视频等，这进一步阻碍了文艺舞蹈队的发展。

基于上述情况，凤梨小组在前期努力协调新旧队员之间的诉求，引导她们进行沟通和交流，共同商讨解决办法，形成了较为合理的方案。在练习舞蹈的过程中，凤梨小组成员积极与孃孃们互动交流，挖掘并培养有潜在组织能力的成员。接着，针对一些人缺少智能设备使用能力，凤梨小组成员选择在空闲时间讲解智能手机的用法，如如何搜索信息、观看视频和下载视频等，对她们进行赋能。当成员固定，且有关键人物进行组织和领导时，文艺舞蹈队具备自主运作的能力和条件后，凤梨小组成员逐步退出文艺舞蹈队。在后期，凤梨小组成员不时地联系文艺舞蹈队队员，询问近期舞蹈练习的情况，是否需要解决什么问题，以更好地持续运作文艺舞蹈队。在凤梨小组撤出之前，大坝者村的文艺舞蹈队已能自主运行了。

二、从兴趣延伸出的“编织人生”

在前期调研过程中，凤梨小组挖掘村庄中的手工编织能人，编织作品包括渔夫帽、女士小包、鞋和围巾等。若拥有娴熟的技术和充足的时间，她们一天内便可以完成一顶手工编织的帽子，售价在 50 元至 70 元之间。目前的销售渠道是游客购买、熟人介绍和“朋友圈”售卖。凤梨小组进驻村庄后，发现有几名妇女有编织技能，她们通过网络购买原材料后，在手机上搜索新颖的款式，跟着教学视频主动学习。当一人学成后，就慷慨地教村里其他有兴趣学习编织的妇女。

目前，村里有 2 名技艺精湛的编织能人。一个是在大坝者村土生土长的丁孃孃，她在集市上摆摊做生意，售卖的商品根据时令变化而变化，如各类野生菌子、农产品、水果和自制手工品等。她从小就喜爱编织，利用看摊的空闲时间，自学掌握了多种编织技能，如各类精美的女士编织帽、女士挎包、拖鞋和围巾等。另一个是农家乐的经营者王孃孃，她也非常喜爱编织，自己通过网络挑选并购买了编织材料，在某短视频网站上寻找相关的教学视频，自己跟着视频学习技法。王孃孃告诉我们，她热爱编织，就想方设法学习新的技法，并且坚持学会。因为掌握一种新的编织样式很不容易，在学习的初期通常是钩好了拆、拆好了钩，如此反反复复好几次才能掌握，所以特别需要耐心。凤梨小组通过调研发现，在丁孃孃和王孃孃的带领下，目前村庄里至少又有 6 人掌握了编织技能，但因手工编织耗时多、销售渠道狭窄、利润微薄，故大家只把编织当作一种兴趣，未发展成妇女编织自组织。在前期，为了能更好地与妇女们建立联系，凤梨小组还购买了编织的材料，每天与编织能人一起学习基础的编织技法（见图 4 - 24），加工了一些编织品（见图 4 - 25），在这个过程中了解了妇女们对编织的想法以及她们的需求。

图 4 - 24　学习编织技法

图 4 - 25　部分编织帽

凤梨小组成员在询问大家是否有兴趣学习编织时，遭到了各种各样的拒绝，比如“我手太笨了，学不会”，“这个东西太复杂了，学不来”，“上了年纪了，手笨钩起来不好看”，“她手艺好，钩起来好看，我就不行了”，“太忙了，没有时间学”。这让我们意识到有部分孃孃不是不想学，也不是手笨，而是她们内心不自信，因此尚未开始就打退堂鼓了。面对这样的情况，一开始我们采取的是言语上的鼓励和肯定，但并没有达到理想效果。后来，我们转换思路，先自己跟着编织能人学习，再亲手示范。出乎意料的是，这个方法成功吸引了不少妇女的目光。当她们看到我们在集市上耐心学习编织时，也会好奇地走过来观看，一边询问各种款式的钩织方式，一边询问如何购买原材料等。

从吸引妇女的目光激发其兴趣，到妇女行动起来去购买原材料，再到主动学习编织，这是一个动态的过程。在学习过程中，她们可能因为不会网购原材料、款式太复杂而没有信心所以却步不前，也可能由于受到同辈的影响而激发了学习的兴趣。遗憾的是，后来经过对现实因素、社会工作者的时间和精力等方面情况的评估，原计划组建的编织小组并未成功开展工作。但后期我们发现，不少妇女开始慢慢地对编织产生了兴趣，也在闲时练习起来。

王孃孃是便利店的经营者，每天的工作是看店，白天会有很多闲暇时间。王孃孃有时也向我们反馈，每天看店有些无聊，会选择刷短视频来消磨时间。在我们的动员和鼓励下，王孃孃开始学习编织，有不了解的会主动寻求编织能人的帮助，同时也会邀请关系亲近的姐妹一起练习。王孃孃因时间充足，很快就完成了第一个编织作品（见图 4－26）。她很开心地向我们展

图 4-26　圈圈包

示，脸上露出了自信的笑容。令人更高兴的是，在王孃孃的第二件作品尚未完成时，就已经被客户预订了！与此同时，另外 3 个孃孃自己购买材料后也在闲暇时学习编织。

凤梨小组虽没有组建起编织小组正式开展工作，但通过非正式的沟通交流和鼓励，加之妇女同辈间互相影响，间接吸引了 8 名妇女学习编织。她们有的成功售卖了作品，有的将其赠送给亲朋好友，还有的留给自己使用；尤其是后来有两位孃孃在凤梨小组撤离村庄时，赠送给每人一顶精美的帽子，这让凤梨小组成员们既开心又感动。总之，凤梨小组成功地激发了一部分妇女对编织的兴趣，她们也经过自己的努力掌握了一定的编织技能。遗憾的是，由于精力和能力有限，凤梨小组未能为妇女编织扩展销售渠道，且妇女编织自组织暂未形成，因此后期妇女编织的可持续发展仍值得深思和关注。

三、乐享智能生活与互助支持网络的建立

1. 信息时代的智能手机使用需求

在信息技术快速发展的时代背景下，媒体技术成本逐渐降低，农村经济发展水平不断提升，以智能手机为代表的移动终端设备不断进入农民的生活。大坝者村位于凤龙湾特色小镇景区门口，是凤龙湾小镇开发过程中影响最大的村庄，旅游产业的发展在一定程度上将促使农民进一步融入现代科技信息化社会。然而通过前期调研发现，大坝者村多数村民受教育程度

不高，对智能手机认识不足，还停留在简单聊天、拨打电话的层面，对于手机移动支付、网络购物、网上信息搜索、新闻阅览等功能掌握得还不熟练甚至不会使用，其他多样化的操作更无从谈起。再者，多数村民没有系统学习过智能手机的使用方法，在遇到问题的时候通常会向子女求助或者直接忽略。多数村民学习的主观能动性较高，在使用手机过程中遇到困难时会向凤梨小组成员求助，但这并不能从根本上解决村民遇到的问题。因此，为了使村民更好地使用智能手机，提升其在信息社会中的适应能力，凤梨小组策划了以大坝者村的中老年人为服务对象，以“提高村民使用智能手机的能力，协助建立村民互助支持网络”为总目标的小组活动。

2. 智能手机的使用与村民互助支持网络的建立

（1）服务目标

总目标：提高村民使用智能手机的能力，协助建立村民互助支持网络。

分目标：提高村民智能手机的使用能力，帮助其熟练掌握即时聊天、拍照和移动支付等基础功能，学会在现实生活中灵活运用并服务于实际需要；提高村民对手机诈骗信息的辨别能力和警惕性；协助建立支持网络，形成稳定而持续的互助氛围。

（2）实施框架

前期，凤梨小组成员通过入户走访，针对村民使用智能手机情况展开调查，主要包括智能手机使用的情况、存在的困难和疑惑等，以评估村民的需求，同时在调查过程中招募服务对象，并联系村委会负责人宣传活动、协调落实活动场地。根据前期的调研情况，我们制定了活动实施框架，见表 4－10。

表 4-10　活动实施框架

活动节次	目标	具体内容	其他
第一节：相遇在大坝	（1）建立关系，相互认识； （2）介绍小组活动目的与内容； （3）明确村民的需求	（1）开场介绍； （2）破冰游戏； （3）介绍活动安排； （4）签订小组契约； （5）智能手机之我见； （6）答疑； （7）总结，预告下一节活动内容	答疑内容：如何使用智能手机基础功能
第二节：玩转智能手机	（1）村民互助学习，使他们进一步熟悉智能手机的基础功能； （2）村民熟练使用智能手机的基本功能	（1）回顾上一节内容； （2）讲解智能手机基础功能的使用方法； （3）村民分享学习感受； （4）答疑； （5）总结，预告下一节活动内容	需要学习的智能手机基础功能包括：发短信、无线网络连接、垃圾清理、拍照录像、截屏、查询话费余额等
第三节：“微信”操作学起来（一）	（1）学习微信的基础功能； （2）增加村民互动，增强他们的自信心	（1）回顾上一节活动内容； （2）结合幻灯片讲解相应的手机应用程序； （3）眼保健操教学； （4）村民分享学习感受； （5）答疑； （6）总结，预告下一节活动内容； （7）安排小作业：练习拍照，并发“朋友圈”分享心得	发“朋友圈”、零钱提现、手机充值话费
第四节：“微信”操作学起来（二）	（1）巩固学习效果，扩展使用技能； （2）掌握拍照的基本构图法	（1）回顾上一节活动内容，交流家庭作业； （2）结合幻灯片讲解相应的手机应用程序； （3）答疑； （4）村民分享学习感受； （5）总结，预告下一节活动内容	扩展技能包括：购买火车票、“朋友圈”图片拍照技巧、收/发红包等

续　表

活动节次	目标	具体内容	其他
第五节：手机诈骗需警惕	(1) 提高网络信息甄别能力； (2) 增强网络安全意识	(1) 回顾上一节活动内容； (2) 观看电信诈骗案例，分享现实生活中的案例，并讨论如何更好地防止诈骗； (3) 网络小贴士； (4) 答疑； (5) 总结，预告下一节活动内容	
第六节：携手共创新生活	总结并分享感受与收获	(1) 总结小组活动内容； (2) 复习重点与难点； (3) 分发自主设计的学习手册； (4) 分享活动感受与收获	

3. 乐享智能生活的小组过程

第一节活动内容主要包括与村民建立关系，介绍本次小组活动的目标、计划和安排；了解服务对象在使用智能手机过程中遇到的困难，明确村民的需求和期待；教村民学习创建微信群聊、添加微信好友和使用小程序三个基础功能。其中，在了解服务对象需求这个环节，服务对象大致可以分为三类：第一类服务对象积极表达自己在使用手机过程中遇到的困难，如不会上传图片，不会处理学生家长群里老师的要求，不会清理手机垃圾，不会网络购物等。第二类服务对象不善于表达，“我不知道怎么说，不想说”，“我不太会用的地方很多，但是具体是什么也说不清楚”。第三类服务对象则沉默着，持观望态度。具体了解这些服务对象的需求有助于后期服务方案的完善和修改。

第二节活动内容主要是学习使用智能手机的基本应用，包括拍照、Wi-Fi连接、调节字体大小、发短信、清理手机垃圾、下载安装应用程序等。凤梨小组了解到，有部分村民未缴纳医保，因此在活动的答疑环节会教服务对象如何用手机缴纳医保。在活动中，村民们认真学习智能手机基础设置操作方法（见图 4－27），凤梨小组成员耐心指导，他们认真学习，互相交流，共同进步（见图 4－28）。此外，村民们对于学习智能手机的态度和观念在逐渐转变，如有一位孃孃在第一节活动时有不懂的地方却不好意思询问，而在此节活动中她认真听讲，不时地拿起手机拍幻灯片，有疑惑的地方也及时求助。

图 4－27　学习使用智能手机

图 4－28　互相交流沟通

第三节活动内容主要包括学习发“朋友圈”、零钱提现和手机话费充值等操作。第一阶段，学习发“朋友圈”，整个过程用村民容易理解和接受的语言讲解，对于较难的操作，截图放在幻灯片上，便于他们学习。第二阶段，学习零钱提现和手机话费充值的基本步骤。此过程涉及金钱这个敏感的话题，我们首先说明需要注意保护好自己的支付密码，其次是了解付款时的相关注意事项，最后结合幻灯片内容进行实操。第三阶段，学习了解手机拍照构图的技巧。因活动时间是在晚上，光线不足，也不方便外出对实物进行拍照，我们在讲解完三种基本构图方法后，在群里分享了几个关于手机拍照构图的视频，便于大家更好地学习，并布置了小作业，要求每人拍摄 5 张照片分享在群里。总之，活动总体效果超出预期，该活动受到服务对象的好评和认可。

第四节活动内容主要包括学习购买火车票、酒店预订、收/发红包等操作，分享交流学习的心得以及为村民解答疑惑。在活动正式开始之前，和村民一起对上次活动内容做了简单的回顾，同时检查了拍照练习作业完成的情况，随后村民一起解决了拍照过程中存在的疑难和问题。在此过程中，个别新加入的村民对上节内容不熟悉，在操作过程中也有较多的疑惑，因此我们鼓励和邀请较为熟悉的村民为新加入的村民讲解，以加强小组内的互助支持。接着，在介绍本次活动的目的和内容后，我们带领村民一起继续学习有关应用程序，包括火车票购买、酒店预订、红包收发等。

第五节活动内容主要是警惕手机诈骗，目的是提高村民网络信息甄别能力，增强网络安全意识，懂得自我保护，学会安全使用手机。通过观看防范电信网络诈骗案例视频，邀请服务对象分享处理的方法，以此增强村民应对电信网络诈骗的能力。案例视频观看结束之后，我们邀请服务对象分享所听闻的诈骗案件和所得到的经验教训，以增强他们在使用手机时的网络安全意识。接着，我们通过幻灯片将准备好的有关手机上网常出现的网络安全问题展现给他们，并鼓励他们相互讨论，遇到重要内容时主动拍照，以便后期查看。最后，播放了预防电信网络诈骗总结视频，再次向村民强调了网络案主的重要性，以及防范电信网络诈骗的“六个一”和“八个不要相信”。

第六节活动内容主要是回顾总结前五次活动情况，解答服务对象的疑问、处理离别情绪、宣告活动结束、分发操作手册。操作手册以图文并茂的形式讲解了前五节活动的重点与难点。鉴于有些人对前面学过的知识有些陌生，我们结合手册内容，就输入法切换、清理垃圾和小程序等难点内容进行了操作复习，积极鼓励和邀请组内会操作的村民进行答疑，以强化组内的互助支持网络。需要指出的是，为了照顾多数服务对象的需求，解决他们所遇到的共性问题，活动内容聚焦在智能手机和微信软件的基本操作上。这在一定程度上忽略了村民中有特殊需求的个性化问题，如有的基础较好，希望学习到更高层次的知识，还有的希望增加一些短视频软件和网络购物软件的学习。对于村民的个性化需求，我们采取的解决方案是在非活动时间进行“一对一”的辅导。

总之，通过上述六节活动的开展，村民使用智能手机的能力普遍得到提高，组内也形成了支持互助网络。绝大部分村民认为参加此次小组对他们是有帮助的，他们基本掌握了小组中所学的知识，并且能够应用到实际生活中，对于网络上诈骗信息的甄别能力也有所提高。村民们普遍认可小组活动的积极意义，在收获知识的同时，还获得了快乐，都表示这是一次难得的系统学习手机操作知识的机会，希望能学习到其他更多的知识。图 4－29 为活动留影。

图 4－29　凤梨小组活动留影

4. 小结

整体活动开展得较为顺利，但也存在一些困难。第一，硬件设施不足。本次小组活动的开展地点是大坝者村的党员活动室，因村委会所在地离村庄较远而并未选择村委会，而党员活动室没有投影仪、电脑和音响等设备，因此最后只能用电脑播放幻灯片。但电脑屏幕较小，村民又较多，加上他们年纪大视力下降，看不清电脑屏幕上的内容，因而有疑惑的地方需要站起来看或询问旁边的人员，这在一定程度上影响了小组活动的开展。幸运的是，村民对此表示理解，他们努力克服现实存在的困难继续参加活动。第二，村民的契约意识不强。在乡村里生活受到的约束少，久而久之村民们习惯了自由自在的生活。虽在第一次活动中社会工作者多次强调小组的契约以及按时参与活动，但仍有一些村民未遵守约定，会迟到甚至不能持续参加活动。第三，其他现实的障碍，如气温下降、服务对象的空闲时间集中在晚上和活动室不能充电等，给参与者带来困难。由于党员活动室没有空调，加之服务对象白天需要上班、干农活儿和做生意等，只有晚上才有时间，但晚上光照不足，气温下降时服务对象更不愿意出门去参加活动。此外，活动室没有插座充电，有时服务对象手机电量不足或社会工作者的电脑电量不足都不能直接充电，这些都影响了活动的顺利进行。

活动过程中面临的挑战有以下三点。第一，服务对象人数较多，社会工作者及同伴精力有限，加之没有投影仪等播放设备，当服务对象在手机操作过程中需要求助社会工作者时，社会工作者不能及时回应，更不能进行“一对一”的指导。第二，服务对象需求不同，活动内容不能完全回应他们的需求。在初期有的村民对于手机基本操作和微信较为熟悉，而有的则完全不会，这让社会工作者在设计内容时难以兼顾他们的需求。第三，村庄内部关系紧密，“谣言”传播迅速。由于乡村是熟人社会，接收信息的渠道窄，人们辨识信息的能力不足，因而在开展活动的过程中会出现一些令人啼笑皆非的现象。如社会工作者有事外出，回来时村子里流传着“他们是骗人的，知道了你们手机密码后他们就骗钱跑了”的谣言，这在一定程度上削弱了社会工作者前期与服务对象建立的信任关系。对此，我们有两点建议。第一，前期多花时间和心思真诚地与服务对象建立关系。在乡村开展服务，与服务对象建立信任关系是非常重要的一步。本次活动中虽出现了“骗钱跑”的谣言，但基于服务对象对社会工作者的信任，在澄清事实之后服务对象仍会继续参与后续的活动。此外，与服务对象建立信任关系后，我们能更清晰地评估其需求。第二，对于乡村的中老年服务对象，若需设计实践操作手册，则要把字体放大、多放图片，以便于服务对象查看。由于服务对象视力下降且文化程度不高，因此操作手册中需把字体放大，且图示要清晰。

第六节　简短的小结

一、社区经济、互助网络与多方协作

凤梨小组进驻村庄后，在资产为本的社区发展理论的指导下，重视发掘和利用村庄内的各种优势资源，如自然资源、村民才能、基础设施以及政府企业的支持等，在此基础上开展了产业发展、人居环境、健康意识、娱乐和增能等主题活动，在提高村民参与家乡建设的积极性和主体性的同时，在村民之间建立交流合作的平台，形成紧密互助的关系，最终帮助整个村庄形成合力，发展特色产业，助力社区经济发展，改善人居环境和提高健康管理水平。

1. 助力社区经济发展

农家乐和集贸市场目前是大坝者村的两大主要产业，凤梨小组通过开展“缤纷农家乐”小组工作和“集市孃孃冲冲冲”社区活动，在一定程度上提高了村民参与发展社区经济的积极性。“环境保卫战”将村庄中的“无用之物”（如咖啡渣、松果和农作物等）转变为可利用的资源和优势，通过“艺术＋植物＋废弃物”的形式将其主题化并设计成为废弃物再利用活动，村民在参与的过程中逐渐增强环保意识，掌握垃圾再利用技巧，从而促进生态文明社区的营造。凤梨小组尽力在农家乐群体、集贸市场摊主和村民之间建立交流与合作平台，通过凝聚村庄各个层面的力量，提升乡村集市的竞争力，促进整体社区经济的增能，最终助力乡村经济发展。

2. 形成村民互助网络

凤梨小组致力于建立村民之间关系网络，促进村庄形成合力。村庄常住村民以中老年人为主，且老年人较多，年轻照料者较少，凤梨小组通过开展“健康帮帮团”小组活动，在增强老年人健康意识、接受健康管理教育的同时，增进村民之间的联结与互助，引导村庄中的中老年人形成联结的互助管理模式。对于妇女群体来说，舞蹈和编织小队活动的开展，一方面丰富了妇女的娱乐生活，帮助其找到了价值感，增添了信心，另一方面也促进了妇女之间的相互支持。“乐享智能生活”小组活动的开展，有效地提高了中老年人使用智能手机的能力和对诈骗信息的辨别力和警惕性，帮助中老年人更好地适应信息化社会，形成了稳定而持续的互助氛围。

3. 政府、高校与社会工作者多元合作助力

高校与当地政府积极合作，共同助力乡村的发展。凤梨小组在学习前两年参与寻甸县脱贫攻坚实践的基础上，进驻村庄后积极发挥专业社会工作者的优势，评估“一镇带三村”振兴项目实施过程中面临的乡村社区发展、村民公共意识增强、可持续生计能力提高、健康意识提升等方面的需求，通过“专业教师＋学生团队”相结合的方式，探索社会工作介入乡村发展的服务模式。凤梨小组运用社会工作专业理论及技巧，挖掘村庄的骨干人才，发现村民的真实需求，设计专业服务方案；教师团队及时输入资源，给予专业指导，为学生团队扎根乡村、挖掘资源提供帮助，以有效参与到农村的发展进程中来，助力乡村振兴。

值得注意的是，凤梨小组在凤龙湾小镇“三村”开展的主题活动都取得了不错的成效，但是如何持续发展、如何在景区工作以及如何在村委会这样的权力场中更有效地开展活动和更切实地为村民赋能，值得我们关注和深思。

二、未来的服务与研究主题

1. 乡村合作社：培育社区经济

在政府、企业合作的“一镇带三村”项目之下，村庄拥有来自政府和企业帮扶的社会资本，加之村庄具有明显的地域优势和环境优势，且具备多元化的社区资产，这些都能极大助力村庄的转型发展。目前，凤龙湾小镇“三村”都已建立集贸市场和村庄活动室，但只有大坝者村集贸市场投入使用。因游客量大，基础设施较为完善，大坝者村村庄餐饮和土特产交易已初具规模。为了更好地推动村庄发展，提高村民持续参与的积极性，凤梨小组建议，尝试成立乡村合作社，利用村庄在地化特色资源持续提升产业发展水平，如发展农家乐、集贸市场和妇女编织等。同时，鼓励村民结合优势发展多元产业，以增加农产品的多样性和附加值，促进村庄的产业转型和发展；可挖掘村庄优势与资源，以青年人和学生群体为对象，大力开发研学项目，以增强社区经济的活力。

2. 公共意识：推动社区参与

在凤梨小组进驻村庄期间，当地基层干部曾多次反映多数村民“观念落后”，不理解相关工作甚至有反抗行为，这在一定程度上阻碍了工作的进一步开展。但由于当地聚集了多种复杂的权力关系，加之村民精力和能力有限，因此凤梨小组暂未以公共意识为主题开展活动。“提升村民的公共意识，增强其社区参与的积极性和能力”可能成为下一阶段服务的重点。

3. 可持续生计：解决后顾之忧

在企业未进驻开发前，大部分农户的经济来源可以归纳为烤烟收入、种植农作物、喂养牲畜和外出务工这四个方面。自 2012 年村民土地陆续以每亩 3 万元至 4 万元的价格被征用后，村民不能继续从事传统农业生产，只能从事非农就业自谋生计。目前，村庄中常住村民的就业方式大致包括外出务工、加入景区的开发建设、在景区里从事服务业、从事个体经营等，传统的烤烟种植和喂养牲畜已基本消失。然而，这些行业大多就业面狭窄、就业后再次失业风险大、收入微薄，且失地村民的就业技能不足，有关保障制度不健全。因此，如何解决村民的再就业问题，保证村民的可持续就业值得思考。

第五章　总结与讨论

在华理社会工作者开展的反贫困社会工作实践中，首先是嵌入当地行政体制、嵌入当地服务体系、嵌入当地群众的日常生活，其次是通过社区教育、社区服务、社区组织，增强当地群众的自助、互助能力，提升当地社区的可持续发展能力，最终实现建设人人有责、人人尽责、人人享有的社会治理共同体的目标。在此过程中，华理社会工作者的反贫困实践受到发展型社会工作理论的影响，但也与其不同，甚至在某种程度上推进了发展型社会工作理论的发展。

第一节　社区为本的实践模式：嵌入、增能与治理共同体

华理社会工作者在定点帮扶的反贫困实践中发现，这一服务模式是举国体制下社会工作参与定点帮扶的新模式。这一模式是社区为本的，关键词涉及嵌入、增能与治理共同体。其中，社区是社会工作服务的平

台与载体，嵌入是开展社会工作服务的前提和基础，增能是社会工作服务的手段，目标是形成人人有责、人人尽责、人人享有的社会治理共同体。

一、嵌入

“嵌入”在中国社会工作学界有多重内涵。第一，嵌入是被当作一种用于分析改革开放以来社会工作恢复与重建的理论视角。王思斌借用了波兰尼、格兰诺维特等学者对于嵌入的分析，考察改革开放以来中国社会工作的恢复与重建，提出了社会工作嵌入性发展的分析视角。其中，嵌入主体是专业社会工作，既包括从事专业社会工作的人群，也包括他们所开展的专业活动。嵌入对象是由政府部门、人民团体、企事业单位和社区等开展的服务活动，涉及各种带有行政特点的组织、机构自上而下开展的服务活动以及这些活动背后的基本理念。嵌入过程和空间是指专业社会工作自恢复重建以来，通过何种手段进入服务领域，由政府部门、人民团体、企事业单位和社区等共同开展服务活动，其中合作、竞争决定了专业社会工作的嵌入性发展过程。嵌入效应是专业社会工作嵌入社会服务实践后对自身发展产生的效应和产生的社会效应。①

第二，旨在揭示专业社会工作在我国的发展道路和前景。在王思斌看来，中国专业社会工作的恢复重建一开始走的是“嵌入性发展”道路，随后的发展将呈现出注重专业社会工作和行政性社会工作之间协同的“协同性发展”特点。基于我国改革开放进程、社会建设实践和新时代现代化建设

① 王思斌：《中国社会工作的嵌入性发展》，《社会科学战线》2011 年第 2 期。

的基本任务，王思斌提出中国社会工作正在且将进一步走向“融合性发展”，强调专业社会工作和行政性社会工作两者平等、互相承认、优势互补。①

第三，指向专业社会工作在我国的本土实务逻辑与行动策略。徐永祥在分析汶川地震后的灾后社会工作服务时指出，嵌入的原有含义是指社会工作者在主观意识和行动上要自觉纳入受助对象的关系网络之中去，争取最大限度地获得受助对象的理解和支持。就灾后社会工作而言，社会工作者必须主动将自己纳入灾区的行政体制，视为灾区政府工作的组成部分或者助手，努力赢得当地政府的理解、信任和支持。② 范斌在此基础上进一步区分出“制度性嵌入”和“服务性嵌入”。所谓制度性嵌入，主要是指“社会工作服务团队必须深入了解和尊重当地的行政文化，主动将自己纳入当地行政体制，进入行政化体制的母体，视自己为灾区政府工作的组成部分或者助手”。所谓服务性嵌入，主要是指“积极利用和整合当地既有的社会服务资源，尽可能将社会工作的服务理念、方法和技巧融入当地服务体系”③。可见，无论是服务计划、服务内容、服务方式，还是服务的语言，社会工作都需要尽可能与灾区的政府部门、安置点管委会和灾民对接，在对接中致力发挥社会工作的服务优势。需要强调的是，虽然嵌入在一定程度上具有与已有

① 王思斌：《我国社会工作从嵌入性发展到融合性发展之分析》，《北京工业大学学报(社会科学版)》2020 年第 3 期。

② 徐永祥：《建构式社会工作与灾后社会重建：核心理念与服务模式——基于上海社工服务团赴川援助的实践经验分析》，《华东理工大学学报(社会科学版)》2009 年第 2 期。

③ 范斌：《灾后社会重建：社会工作的行动基础及专业成长》，《华东理工大学学报(社会科学版)》2010 年第 6 期。

体制和文化妥协的意味，但这恰恰是在嵌入状态下获得发展的必要途径。①

从华理社会工作者开展的反贫困社会工作实践来看，嵌入对象涉及当地行政体制、服务体系以及群众的日常生活。不过，定点帮扶提供了社会工作介入脱贫攻坚与乡村振兴的正当性语境，也为社会工作的介入营造了合理性空间，同时更进一步成为有效推动寻甸县域综合发展的构成性要件。

二、增能

增能是社会工作理论的一个重要视角。然而，关于什么是增能、如何增能，至今在社会工作研究中并没有形成统一的认识。有学者将其视为一个宏观的政治过程，即增加集体政治权力，消除脆弱人群的无助感、无力感②；有学者将其视为一个微观地挖掘或激发个人潜能的过程，增强个体对日常生活的掌控感③；也有学者试图对两者进行调和，把个人与社会两个层面关联起来，在提升个人能力的同时促进集体增权④。

从 20 世纪 80 年代开始，增能逐渐向其他社会工作理论视角或流派（如优势视角、发展型社会工作理论等）渗透，以至于一些学者将增能视为在宏观层面开展社会工作专业服务的代名词。⑤ 从优势视角看，增能就是让服务对象发现自己具有掌控和应对问题的能力。基于优势视角的社会工作干预

---

① 王思斌：《和谐社会建设背景下中国社会工作的发展》，《中国社会科学》2009 年第 5 期。

② Soloman B, *Black Empowerment: Social Work in Oppressed Communities* (New York: Columbia University Press, 1976), pp. 5 - 16.

③ 陈树强：《增权：社会工作理论与实践的新视角》，《社会学研究》2003 年第 5 期。

④ 范斌：《弱势群体的增权及其模式选择》，《学术研究》2004 年第 12 期。

⑤ Adams R, *Social Work and Empowerment* (London: Macmillan, 1996), pp. 15 - 24.

旨在引导服务对象积极地认识自己的世界、探索自己的问题、挖掘自己的优势，进而培养其解决问题的能力。[①] 在发展型社会工作理论中，变革是一个核心概念，而增能则处于变革论述的中心。[②] 从发展型社会工作理论来看，社会层面的无权与经济层面直接相关，而社会工作介入则以个人层面、人际层面尤其是经济层面为切入口，通过经济状况的改善来提升社会层面的地位。

在华理社会工作者开展的反贫困社会工作实践中，增能的内涵是十分丰富的，既包括个体层面挖掘自己的潜能、肯定自己的能力并采取行动，也包括人际层面与他人积极沟通、形成良好的伙伴关系，还包括经济层面改善个人、家庭、集体生计与发展社区经济，以及在政治社会文化等层面扩大服务对象在社区的政治参与社会参与、加强社区文化建设等。

三、治理共同体

党的十九届四中全会审议通过的《中共中央关于坚持和完善中国特色社会主义制度推进国家治理体系和治理能力现代化若干重大问题的决定》提出“建设人人有责、人人尽责、人人享有的社会治理共同体”。关于社会治理共同体的内涵，不同学科的学者纷纷进行了解读。公共管理学科的学者聚焦社会治理，认为“社会治理共同体致力于在社会治理的各个方面形成多主体良性互动的治理局面，提高整体社会治理的有效性”，尤其是要“强调多

① Saleebey D, “Biology’s Challenge to Social Work: Embodying the Person-in-environment Perspective,” *Social Work* 37, no. 2 (1992): 112 - 118.

② 王小兰、陈涛：《发展性社会工作的理论与实践》，载《中国社会工作研究（第十五辑）》，社会科学文献出版社，2017，第 57 - 86 页。

元治理主体在权责一致基础上的有效互动”。这意味着“社会组织、广大人民群众不仅需要在执行上参与社会治理，更要共同规划社会治理的目标，共同设计社会治理的政策，共同探索社会治理的工具，共同开展社会治理的实践，共同评估社会治理的成效”①。其中，“人人有责、人人尽责是建设社会治理共同体的路径，人人享有既体现了与责任、义务相对应的权利，更要求为人人有责、人人尽责提供激励机制”②。从事社会学研究的学者更加强调共同体的形成，“是围绕社会治理和为了进行社会治理，相关各方基于某种信任、共同理念而形成的具有合作取向的共同体”③，“是政府、市场、社会等不同主体的角色与功能、关系格局和运行机制，将通过社会治理体系和社会治理制度受到定位和规定，并在此基础上，形成功能有序的、模式化的且比较稳定的互动关系格局，形成相关主体风险共担、利益共享、协同共进的社会治理局面”④。

基于华理社会工作者开展的反贫困社会工作实践可以发现，治理共同体的建设是在党和政府的主导下进行的，同时也需要人民群众、社区、社会服务机构等的广泛参与。这需要通过一套治理机制来实现：一方面，党和政府以治理吸纳社会力量、市场力量参与脱贫攻坚与乡村振兴，形成多元治理机制；另一方面，党和政府以治理嵌入市场、社会，形成治理空间。在吸纳与嵌入的过程中，治理成为推动反贫困社会工作实践的一种“人人有责、人人尽责、人人享有”的机制，真正实现了社会治理共同体的建设。

① 郁建兴：《社会治理共同体及其建设路径》，《公共管理评论》2019 年第 1 期。
② 郁建兴、任杰：《社会治理共同体及其实现机制》，《政治学研究》2020 年第 1 期。
③ 王思斌：《社会治理共同体建设与社会工作的促进作用》，《社会工作》2020 年第 2 期。
④ 李友梅：《新时代社会治理共同体建设的重要意义》，《社会治理》2020 年第 1 期。

第二节　发展型社会工作理论的思考与探索

从华理社会工作者在寻甸县的反贫困社会工作实践中，我们不难发现发展型社会工作理论的影子。不过，仔细对照理论与实践，寻甸县的反贫困社会工作实践很难从西方现有发展型社会工作理论中获得足够的思想支持。我们有必要基于寻甸县的反贫困社会工作实践对发展型社会工作理论进行反思和探索。

一、发展型社会工作理论的源与流

发展型社会工作理论在 20 世纪 80 年代被提出，进入 21 世纪后逐渐得到较为详细的阐述。就其理论渊源来看，有学者将其追溯到社会工作发展初期的睦邻组织运动（The Settlement Movement）。[①] 也有学者认为，发展型社会工作理论是从 20 世纪 50 年代南半球发展中国家的一系列社会发展实践中发展出来的。[②] 还有学者指出，20 世纪 70—80 年代美国一批社会工作教育者出版的《社会发展议题》（*Social Development Issues*）标志着发展型社会工作的产生。[③]在理论内涵上，有学者认为发展型社会工作理论聚焦

① Midgley J, Conley A, *Social work and social development: Theories and Skills for Developmental Social Work*（New York: Oxford University Press, 2010）, pp. 3 - 4.

② Patel L, *Social Welfare & Social Development in South Africa*（Cape Town, Oxford: Oxford University Press, 2005）, pp. 24 - 29.

③ Jones J Pandey R, *Social Development: Conceptual, Methodological and Policy Issues*（New York: St Martin's Press, 1981）, pp. 12 - 21.

于个体自我成长与自我实现的过程。① 也有学者认为，它是一种宏观社会工作实务。② 还有学者认为，这体现出一种社会发展视角。③

就发展型社会工作理论的流派而言，一派主要由詹姆斯·米奇利(James Midgley)、迈克尔·谢若登(Michael Sherraden)、约翰·克雷茨曼(John Kretzmann)和约翰·麦克奈特(John McKnight)等美国学者组成，他们自20世纪80年代以来先后提出了社会投资理论④、资产建设理论⑤、资产为本的社区发展理论(Asset Based Community Development Approach)⑥；另一派以梅尔·格雷(Mel Gray)、莫伦·巴克(Maren Bak)和莱拉·帕特尔(Leila Patel)等南非学者为代表，强调社区增权⑦、社区变革⑧与社区整体发展⑨。

---

① Paiva F J X, "A Conception of Social Development," *Social Service Review* 51, no. 2 (1977): 327 - 336.

② Hollister C D, "Social Work Skills for Social Development," *Social Development Issues* 1, no. 1(1977): 9 - 20.

③ Estes R J, "Developmental Social Work: A New Paradigm for a New Century," (the 10th International Symposium of the Inter-University Consortium for International Social Development (IUCISD), Cairo, Egypt, June 1998).

④ Midgley J, Conley A, *Social Work and Social Development: Theories and Skills for Developmental Social Work* (New York: Oxford University Press, 2010), pp. 13 - 16.

⑤ Sherraden M, *Assets and the Poor: A New American Welfare Policy* (Armonk, NY: M. E. Sharpe, 1991), pp. 145 - 188.

⑥ Kretzmann J, McKnight J, *Building Communities from the Inside Out: A Path toward Finding and Mobilizing a Community's Assets* (Evanston, IL: Institute for Policy Research, 1993), pp. 8 - 10.

⑦ Gray M, "Developmental Social Work: A Strengths Praxis for Social Development," *Social Development Issues* 8, no. 3 (2002): 4 - 14.

⑧ Bak M, "Can Developmental Social Welfare Change an Unfair World?" *International Social Work* 47, no. 1 (2004): 81 - 94.

⑨ Patel L, Hochfeld T, "Developmental Social Work in South Africa: Translating Policy into Practice," *International Social Work* 56, no. 5 (2012): 690 - 704.

资产建设理论以儿童发展账户(Child Development Accounts)为核心，在美国、新加坡、加拿大、英国和韩国等国家，旨在鼓励父母对儿童的早期教育进行投资，并且进一步提升父母对子女的教育期望和学业成绩期待①；在乌干达、肯尼亚等地，通过发展合作项目增强当地女性、身体某方面有障碍群体等脆弱人群的经济参与能力，推进社区可持续发展②。从资产建设理论的本土实践与研究来看，有学者对新疆呼图壁县保险证质押借款项目的潜在功效及其发生机制进行了探讨，建议大力推进资产建设，破解"农保"工作困局。③ 有学者基于项目案例发现，"儿童发展账户"促进了儿童与家长的经济赋能以及对于亲子沟通的积极认知，也有利于实现多元福利主体参与的社会服务整合。④

资产为本的社区发展理论在提升美国、英国、澳大利亚、加拿大等国家的社区健康水平、减少健康不平等上扮演着重要角色⑤，也被广泛应用于南非、埃及、埃塞俄比亚、危地马拉、尼泊尔、孟加拉国等地的社区反贫困实践⑥。

---

① Beverly S G, Kim Y, Sherraden M, Nam Y and Clancy M, "Can Child Development Accounts be Inclusive? Early Evidence from a Statewide Experiment," *Children and Youth Services Review* 53, no. C (2015): 92 - 104.

② Curley J, Ssewamala F M. Nabunya P. Ilic V and Keun H C, "Child Development Accounts (CDAs): An Asset-building Strategy to Empower Girls in Uganda," *International Social Work* 59, no. 1 (2016): 18 - 31.

③ 张时飞:《引入资产建设要素破解农保工作困局：呼图壁县的经验与启示》,《江苏社会科学》2005 年第 2 期。

④ 邓锁:《资产建设与跨代干预：以"儿童发展账户"项目为例》,《社会建设》2018 年第 6 期。

⑤ Emily V, Redwood S. "Does an Asset-based Community Development Project Promote Health and Wellbeing? " *The Lancet* 388, (2016): S108.

⑥ Mengesha K S, Meshelemiah C J, Chuffa A K, "Asset-based Community Development Practice in Awramba, Northwest Ethiopia, " *Community Development* 46, no. 1 (2015): 164 - 179.

就资产为本的社区发展模式的本土化而言，有学者考察中国香港“社区经济发展计划”后指出，以劳动时间为交换单位的“时分券”互助形式是一个操作性较强且有实际效果的模式。① 有学者基于一个城中村自然村落改造的案例提出，重视“地方维度”，社区的“家园资产”才可能被激发与活化，从而以最小的外部资源投入带来社区最大化的更新与发展。② “绿耕社会工作者”借助各种契合文化传承、社会互助、公共参与和生态保育的社会经济扶贫策略，与城乡社区居民共同努力，助其摆脱贫困的社会生活处境。③

米奇利倡导的发展型社会工作主要应用于儿童福利、心理健康、社会救助以及残疾人社会工作、老年社会工作、矫治社会工作等实务领域④；在南非，则旨在增加脆弱人群平等受教育机会，提高其参与经济的能力⑤。在米奇利的发展型社会工作本土化方面，“青红社会工作者”以“团结社区、发展生计”作为中心理念和目标，聚焦震后社区生计，主张行动理念的发展性意涵、行动路径的发展性取向、服务内容与方法的发展性要素、服务结果的发展性反思。⑥ “连心社会工作者”基于社会工作介入云南精准扶贫的实践指出，核心是

① 黄洪：《以资产为本推行社区经济发展——香港的经验与实践》，《江苏社会科学》2005年第2期。

② 魏爱棠：《城中村改造与社区资产建设的“地方维度”》，载《中国社会工作研究》（第十六辑），社科文献出版社，2018，第57-86页。

③ 尚静、张和清：《贫困、环境退化与绿色减贫——一个华南村庄的社会工作实践案例研究》，《开放时代》2020年第6期。

④ Midgley J, Conley A, *Social Work and Social Development: Theories and Skills for Developmental Social Work* (New York: Oxford University Press, 2010), pp. xvi-xx.

⑤ Gray M, Agllias K, Mupedziswa R, Mugumbate J, "The Role of Social Work Field Education Programmes in the Transmission of Developmental Social Work Knowledge in Southern and East Africa," *Social Work Education* 36, no. 6 (2017): 623-635.

⑥ 王小兰、陈涛：《发展性社会工作的理论与实践》，载《中国社会工作研究（第十五辑）》，社会科学文献出版社，2017，第57-86页。

激发社会资本和社区社会组织活力，推进可持续社区发展。① 还有学者以西部某地区的反贫困实践为例提出，依托于残疾人互助合作社的社区融合介入，有助于促进残疾人在经济层面与社会层面的双重赋能。②

二、定点帮扶模式对发展型社会工作理论的发展

显然，发展型社会工作理论对于华理社会工作者在寻甸县开展的反贫困社会工作实践是有启发的。这不仅体现在社会对弱势贫困群体的关注和注重公平正义上，而且个人发展账户、社区合作、综合性社会投资等策略也值得借鉴。不可忽视的是，该理论是为了应对新自由主义背景下西方福利国家的危机而提出的。谢若登的资产建设理论建立在个人主义基础之上，资产为本的社区发展模式的背后是民粹主义，米奇利倡导的发展型社会工作理论奉行的是第三条道路。而中国开展的东西部协作、对口支援和定点帮扶是一种新型的发展干预，体现了共享发展的理念，迈向的是共同富裕的目标。社会工作参与定点帮扶，丰富了定点帮扶的内涵，将国家的宏观政策安排渗透进基层社区的日常生活之中。这是对反贫困社会工作的发展，也是一种新的模式，这一模式在今后推进乡村振兴和共同富裕的实践中会有更大的应用空间。

这一反贫困社会工作模式是在定点帮扶的现实脉络下开展的，它在组织

① 向荣、陆德泉、陈韦帆：《发展型社会工作对深化精准扶贫的助力策略分析》，《贵州民族大学学报(哲学社会科学版)》2018 年第 3 期。

② 邓锁：《经济赋能与社区融合——以一个西部地区的反贫困实践为例》，《中国农业大学学报》(社会科学版)2019 年第 1 期。

结构上衔接自上而下的整体推进与自下而上的干预服务，在运作机制上联合政府、社会工作者与当地社区。就实务特质而言，它以家庭为中心，以社区为导向，强调融入服务对象的日常生活场景；就介入策略而言，它积极而不激进，发挥集体主义文化优势，平衡社会工作的治疗、发展与预防功能；就实务手法而言，它把专业社会工作与党的群众工作结合起来，打通微观、中观和宏观。因此，从这个意义上来说，高校在定点帮扶县开展的社会工作服务是富有中国特色的，是对举国体制下结对发展的新探索，是专业教育与社会实践结合的新场景，是理论与实践螺旋式知识生产的新路径，是社会工作参与反贫困和乡村振兴的新模式。

参考文献

英文图书和文章

1. ADAMS R. social work and empowerment [M]. London: Macmillan, 1996.
2. AGDAL R, MIDTGRD I H, Meidell V. Can asset-based community development with children and youth enhance the level of participation in health promotion projects? A qualitative meta-synthesis [J]. International journal of environmental research and public health, 2019, 16 (19): 3778.
3. BAK M. Can developmental social welfare change an unfair world? [J]. International social work, 2004,47(1): 81 - 94.

4. BEVERLY S G, KIMA Y, SHERRADEN M, et al. can child development accounts be inclusive? Early evidence from a statewide experiment [J]. children and youth services review, 2015, 53(C): 92 - 104.
5. CAMPBELL R T. status attainment research: end of the beginning or beginning of the end? [J]. Sociology of education, 1983, 56(1): 47 - 62.
6. CURLEY J, SSEWAMALA F M, NABUNYA P et al. Child development accounts (CDAs): an asset-building strategy to empower girls in Uganda[J]. International social work, 2016, 59(1): 18 - 31.
7. EMILY V, REDWOOD S. Does an asset-based community development project promote health and wellbeing? [J]. The Lancet, 2016, 388: S108.
8. ESTES R J. Developmental social work: a new paradigm for a new century[J]. Journal of social work, 1988,3.
9. GRAY M. Developmental social work: a strengths praxis for social development[J]. Social development issues, 2002, 8(3).
10. GARY M, AGLLIAS K, MUPEDZISWA R, et al. The role of social work field education programmes in the transmission of developmental social work knowledge in southern and east Africa[J]. Social work education, 2017, 36(6): 623 - 635.
11. HESSIN A F. A working guide to the asset based community development approach in Egypt [J]. Journal of psychology & the behavioral sciences, 2018, 4(1): 15 - 31.

12. HOLLISTER C D. Social work skills for social development[J]. Social development issues, 1997, 1(1): 9-20.

13. JONES J, PANDEY R. Social development: conceptual, methodological and policy issues[M]. New York: St Martin's Press, 1981.

14. KRETZMANN J, MCKNIGHT J. Building communities from the inside out: a path toward finding and mobilizing a community's assets. Evanston[M]. IL: Institute for Policy Research, 1993.

15. MAKHUBELE J C, SHIRINDI M L. Poverty alleviation strategy: engagement of indigenous community-based groups as assets towards community development. [J]. Studies of tribes and tribals, 2015, 13 (1): 48-58.

16. MENGESHA S K, MESHELEMIAH J C A, CHUFFA K A. Asset-based community development practice in Awramba, northwest Ethiopia[J]. Community development, 2015, 46(2): 164-179.

17. MIDGLEY J, CONLEY A. Social work and social development: theories and skills for developmental social work[M]. New York: Oxford University Press, 2010.

18. NEL H. an integration of the livelihoods and asset-based community development approaches: a South African case study[J]. Development Southern Africa, 2015, 32(4): 511-525.

19. PAIVA F J X. A conception of social development[J]. Social service review, 1977, 51(2): 327-336.

20. PATEL L. Social welfare & social development in South Africa[J]. Cape Town, Oxford: Oxford University Press, 2005.

21. PATEL L, HOCHFELD T. Developmental social work in South Africa: translating policy into practice[J]. International social work, 2012, 56(5): 690 - 704.

22. SALEEBEY D. Biology's challenge to social work: embodying the person-in- environment perspective[J]. Social work, 1992, 37 (2): 112 - 118.

23. SHERRADEN M. assets and the poor: a new American welfare policy [M]. Armonk, NY: M. E. Sharpe, 1991.

24. SOLOMAN B. Black empowerment: social work in oppressed communities[M]. New York: Columbia University Press, 1976.

中文图书和文章

1. 陈树强. 增权：社会工作理论与实践的新视角[J]. 社会学研究，2003(5)：70 - 83.

2. 陈涛，徐其龙. 社会工作介入乡村振兴模式研究：以北京市 Z 村为例[J]. 国家行政学院学报，2018(4)：73 - 77，149.

3. 陈涛. 社会工作在乡村振兴中大有可为[J]. 中国社会工作，2017(34)：28.

4. 陈相云. 社会工作与乡村振兴：实践困境、价值亲和与专业突围[J]. 理论月刊，2018(4)：151 - 156.

5. 邓锁. 经济赋能与社区融合：以一个西部地区的反贫困实践为例[J]. 中国农业大学学报(社会科学版)，2019，36(1)：59－69.

6. 邓锁. 资产建设与跨代干预：以"儿童发展账户"项目为例[J]. 社会建设，2018，5(6)：24－35.

7. 范斌. 弱势群体的增权及其模式选择[J]. 学术研究，2004(12)：73－78.

8. 范斌. 灾后社会重建：社会工作的行动基础及专业成长[J]. 华东理工大学学报(社会科学版)，2010，25(6)：1－5.

9. 国家民委政策研究室. 国家民委民族政策文件选编(1979—1984)[M]. 北京：中央民族出版社，1998.

10. 黄洪. 以资产为本推行社区经济发展：香港的经验与实践[J]. 江苏社会科学，2005(2)：227－231.

11. 李瑞昌. 界定"中国特点的对口支援"：一种政治性馈赠解释[J]. 经济社会体制比较，2015(4)：194－204.

12. 李文峰，姜佳将. 老区与新乡：乡村振兴战略下的文化传承与反哺：以浙江余姚梁弄镇革命老区为例[J]. 浙江社会科学，2018(9)：77－83，157－158.

13. 李友梅. 新时代社会治理共同体建设的重要意义[J]. 社会治理，2020(1)：12－14.

14. 刘波，尉建文. 政治行为与社会公益：国有企业参与对口支援的机制分析(2006—2015)[J]. 中国经济史研究，2017(5)：164－172.

15. 马凤芝. 发挥社会工作教育优势助力脱贫攻坚[J]. 中国社会工作，2020(19)：1.

16. 尚静，张和清. 贫困、环境退化与绿色减贫：一个华南村庄的社会工作实践案例研究[J]. 开放时代，2020(6)：61－76，7.
17. 王思斌，阮曾媛琪. 和谐社会建设背景下中国社会工作的发展[J]. 中国社会科学，2009(5)：128－140，207.
18. 王思斌. 社会治理共同体建设与社会工作的促进作用[J]. 社会工作，2020(2)：3－9，108.
19. 王思斌. 我国社会工作从嵌入性发展到融合性发展之分析[J]. 北京工业大学学报(社会科学版)，2020，20(3) 29－38.
20. 王思斌. 中国社会工作的嵌入性发展[J]. 社会科学战线，2011(2) 206－222.
21. 王小兰，陈涛. 发展性社会工作的理论与实践[M]. 中国社会工作研究，2017(2)：57－86，229.
22. 魏爱棠. 城中村改造与社区资产建设的“地方维度”[M]. 中国社会工作研究，2018(1)：67－98，176－177.
23. 向荣，陆德泉，陈韦帆. 发展型社会工作对深化精准扶贫的助力策略分析[J]. 贵州民族大学学报(哲学社会科学版)，2018(3)：73－86.
24. 徐永祥. 建构式社会工作与灾后社会重建：核心理念与服务模式：基于上海社工服务团赴川援助的实践经验分析[J]. 华东理工大学学报(社会科学版)，2009，24(1)：1－3，15.
25. 郁建兴，任杰. 社会治理共同体及其实现机制[J]. 政治学研究，2020(1)：45－56，125－126.
26. 郁建兴. 社会治理共同体及其建设路径[J]. 公共管理评论，2019，1(3)：

59－65.

27. 张时飞.引入资产建设要素破解农保工作困局：呼图壁县的经验与启示[J].江苏社会科学,2005(2)：232－236.

28. 赵明刚.中国特色对口支援模式研究[J].社会主义研究,2011(2)：56－61.

29. 钟开斌.对口支援灾区：起源与形成[J].经济社会体制比较,2011(6)：140－146.

后　记

中国社会转型的大背景为社会工作的发展提供了结构性空间，社会工作需要顺“势”而为，在宏观层面上有所作为。服务国家重大战略和回应人民对美好生活的需要是华理社会工作者一直以来坚持的传统。从汶川地震后在都江堰建立第一个社会工作者站，到积极参加民政部组织的云南鲁甸地震灾区的灾后恢复与重建，以及近年来响应社会工作教育对口扶贫计划按照学校定点帮扶工作部署助力寻甸县脱贫攻坚，莫不如是。

我们在开展专业社会工作服务实践的同时，也需要加强社会工作研究。摆在读者面前的这本书，就是华东理工大学社会工作学术共同体对反贫困社会工作实务进行研究的集体学术成果。全书的章节安排由我和黄锐共同拟定，黄锐、刘艳霞、王胜男负责第一章，徐立娟、徐选国负责第二章，黄锐、彭晓芸负责第三章，萧易忻、方韵秋、吴思雨、刘凤爽负责第四章，何雪松、黄锐负责第五章。初稿完成后，我通读了部分内容，并适当进行了修改。我们希望本书能够为建立中国特色的反贫困社会工作理论、模式和实践作出一份贡献。

当前，寻甸县正在扎实推进乡村振兴。华理社会工作者 2021 年 9 月组建了专业教师指导团和学生服务团，利用专业优势有规划、有步骤地开展服务。我们希望推进西部县域社会工作发展示范区建设，探索社会工作专业助力乡村振兴的新模式和新理论，为全球社会工作事业发展贡献中国智慧。

何雪松

2022 年 9 月 26 日